**Verse
schmieden
leicht
gemacht**

Christa Kilian

Verse schmieden leicht gemacht

Mit
vielen
Beispielen
und
einem
Reimlexikon

Der Text dieses Buches entspricht den Regeln der neuen deutschen Rechtschreibung.

Die Verwertung der Texte und Bilder, auch auszugsweise, ist ohne Zustimmung des Verlags urheberrechtswidrig und strafbar. Dies gilt auch für Vervielfältigungen, Übersetzungen, Mikroverfilmung und für die Verarbeitung mit elektronischen Systemen.

Layout: Horst Bachmann
Redaktion: Herta Winkler, Nikolaus Supersberger
Herstellung: Petra Becker

Die Ratschläge/Informationen in diesem Buch sind von Autorin und Verlag sorgfältig erwogen und geprüft, dennoch kann eine Garantie nicht übernommen werden. Eine Haftung der Autorin bzw. des Verlags und seiner Beauftragten für Personen-, Sach- und Vermögensschäden ist ausgeschlossen.

Satz: FROMM MediaDesign GmbH, Selters/Ts.

817 2635 4453 6271
02 01 00 99

Inhalt

Sag's in einem Gedicht   7
Was ist was?   12
Reim dich oder ich beiß dich   19
Der Rhythmus macht's   39
Welche Zeilen sollen reimen?   47
Wie fängt man's an?   53
In der Reimeschmiedewerkstatt   58
Bei Gelegenheit gereimt   79
Das Reimlexikon   97

Motto

Ein reiner Reim wird wohl begehrt;
Doch den Gedanken rein zu haben,
Die edelste von allen Gaben,
Das ist mir alle Reime wert.

Johann Wolfgang von Goethe

Sag's
in einem Gedicht

Was ist der Reiz des Reimes, des Gleichklangs am Ende von Zeilen, dem Rhythmus in der Sprache. Warum wird gedichtet, gereimt, in Versen geschrieben? Als ich über der Einleitung zu diesem Buch brütete und darüber nachdachte, wie und in welchem Umfang ich in das Thema einführen könnte, stellte ich im Geiste eine kleine Statistik auf. Ich überlegte, wer in meiner Familie, meinem Freundes- und Bekanntenkreis schon einmal sich bemüßigt fühlte zu reimen, zu dichten. Ausgesprochen erstaunt war ich, als ich einsehen

musste, dass ich von allen, ausnahmslos allen, mindestens eine Gelegenheit wusste, zu der sie sich in Reimen ausdrücken wollten. Von den vielleicht auch existierenden Liebesgedichten oder Werken ernsterer Natur weiß ich dabei in der Regel nichts.
Es ist seit einigen Jahren schon Mode, bei großen Festen, runden Geburtstagen, Hochzeiten und Jubiläen etwas zum Besten zu geben, diese Feste mitzugestalten. Viele gingen zu solchen Anlässen ans Reimeschmieden. Sie dichteten bekannte Volkslieder oder Schlager um, sie ersannen witzige Huldigungen für das Geburtstagskind, sie gestalteten die inzwischen sehr beliebten Hochzeitszeitungen. Nicht zuletzt zeigen auch die immer noch – oder wieder – so beliebten Gästebücher, dass in jedem von uns ein Verschen steckt. Weihnachtskarten oder Einladungen, Geburtsanzeigen und Geschenkgutscheine sind oft mit kleinen selbstgeschriebenen Versen versehen. Und nicht zuletzt das Engagement im Fasching oder Karneval fordert einige jedes Jahr aufs Neue auf, Gedanken und Ideen in Reime zu packen.
Sind die Leute, die ich kenne, repräsentativ? Für eine streng wissenschaftliche, statistisch aussagekräftige Stichprobe dürfte diese Gruppe nicht ausreichen. Aber es sind z. B. alle Altersstufen vertreten. Auch unterscheiden sich die Berufe, Lehrerinnen und Sprachwissenschaftlerinnen, Mathematiker oder Ingenieure sind ebenso vertreten wie Elektriker, Versicherungsvertreter oder kaufmännische Angestellte, Computerfachleute oder Musiker, um nur einige zu nennen. Ob Single oder in Partnerschaft lebend, ob verheiratet oder nicht,

ob mit Kindern oder ohne, alle reimen von Zeit zu Zeit.
Es scheint ein universales Bedürfnis zu sein. Der Gleichklang von Lauten reizt zum Spiel mit Sprache. Schon kleinste Kinder, die die Sprache erst noch lernen müssen, üben mit »Reimen«, mit der Aneinanderreihung gleicher Laute. Das Brabbeln der Babys »Ma da ma da ga da, ei dei dei« unterscheidet sich für den beiläufig Zuhörenden nicht wesentlich von dem Dahingemurmel eines Menschen, der einen passenden Reim sucht. Ältere Kinder ersinnen gerne irgendwelche Unsinnreime, lieben geradezu die bekannten Kinderreime und lernen diese mit erstaunlicher Geschwindigkeit auswendig. Ja, einige dieser in der Kindheit gelernten Reime sind so in das Gedächtnis eingebrannt, dass sich auch Erwachsene noch nach Jahrzehnten ihrer mühelos erinnern.
Reime helfen Sprache strukturieren. Liedtexte oder Gedichttexte lernt man ungleich leichter auswendig als Prosatexte. Sprichwörter, Bauernweisheiten, manche Werbetexte sind oft auch deshalb vielen so präsent, weil sie sich reimen.
Sie sehen also, mit Ihrem Ansinnen, Ihre Gedanken und Ideen in Reime zu fassen, befinden Sie sich in bester Gesellschaft. Auch heute. Um das zu belegen, musste ich hier noch nicht einmal die vielen hervorragenden Dichter und Dichterinnen unserer deutschen Literatur bemühen, deren Verse zum Teil so sehr Bestandteil unseres Sprachschatzes geworden sind, dass wir manchmal gar nicht mehr wissen, dass oder wen wir zitieren. Letzteres wissen sicher die Germanis-

tinnen und Germanisten und es sei ihnen zu gönnen. Alle anderen, die einen Vers von Goethe, Ebner-Eschenbach oder Busch wiedergeben, ohne die Urheber benennen zu können, tun dies, weil diese Verse und ihre Reime so treffend, so eingängig, so wortgewandt formuliert wurden. Dieses Buch mit seinen Ratschlägen erhebt nicht den Anspruch, aus Ihnen einen Goethe oder eine Droste-Hülshoff zu machen. Die so genannten großen Dichterinnen und Dichter reimten nicht für Hochzeitszeitungen, obwohl sie neben den großen Werken auch durchaus einfache Reime und Verse erdachten, die an Brieffreunde geschrieben wurden oder dem Tagebuch anvertraut. Wären sie nicht die Helden der Literatur, wären ganz sicher diese Verse nie an die Öffentlichkeit gelangt und würden wie bei Ihnen zu Haus, auf dem Speicher liegen, wie das Tagebuch Ihrer Großmutter oder Ihres Großvaters.

Dieses Buch wird Sie in das Handwerk des Reimens einführen und keine Abhandlungen zur Poesie liefern. Hier finden Sie Erläuterungen zu den Grundbegriffen. Welche Worte reimen sich gut, schlecht oder gar nicht? Was macht den Rhythmus eines Verses aus, wie bleibt der Text im Takt? Welche Zeilen sollen reimen, welche Versstrukturen sind denkbar?

Beim Spiel mit Sprache ist es wie bei jedem Spiel. Man muss die Regeln kennen. Je besser man sie kennt, je besser beherrscht man das Spiel – und kann es sich vielleicht zuweilen erlauben, die eine oder andere Regel zu brechen. Mit Absicht, Ziel und Zweck und nicht aus Versehen, Unverstand und Unvermögen.

Sind die Regeln einmal klar, kann man sich ans Üben machen. Auch dabei hat man manchmal das Gefühl, gegen Wände zu laufen, nicht weiterzukommen, es einfach nicht zu schaffen. Das Kapitel »In der Reimeschmiedewerkstatt« zeigt die nötigen Gedankenschritte auf und wie man ganz praktisch an das Reimeschmieden herangeht. Danach soll Ihnen das Kapitel »So entsteht ein Gedicht« Mut machen. Es zeigt einige Beispiele in ihrer Entstehung – von der Idee bis zum fertigen Gedicht. Es zeigt die Sackgassen, die Neuanfänge, die Umorientierungen, die Freude und den Triumph. Weitere Verse für verschiedene Anlässe mit kurzen Erläuterungen finden Sie in dem darauffolgenden Teil. Und schließlich soll das Reimlexikon am Ende des Buches Sie unterstützen auf Ihrer Suche nach dem passenden Reim.

Meist sehen wir von anderen immer nur die fertigen Produkte, nie den Weg dorthin. Sicher soll es Menschen geben, denen die Worte nur so aus dem Gehirn fließen, und mit beneidenswerter Leichtigkeit fassen sie Ideen in Reimform. Mit Verlaub, ich traf noch keinen. Für uns andere ist das Reimen nicht immer lustig, zuweilen mühsam und anstrengend. Aber die Freude am fertigen Gedicht, so merke ich immer wieder, ist dadurch möglicherweise noch größer.

Im Ganzen betrachtet, möchte ich das Reimen nicht missen, es macht Spaß, es macht Freude und mitunter ein bisschen stolz. Ich denke und hoffe, Ihnen wird es ähnlich ergehen.

Was ist was?

Uns allen sind die Wörter Reim, Vers und Gedicht geläufig und jeder hat eine Vorstellung, was jeweils damit gemeint ist. Gerade hier können sich jedoch Verständnisschwierigkeiten auftun, denn üblicherweise schaut man im Lexikon ja jene Wörter nicht nach, von denen man denkt, man wüsste, was sie bedeuten. Ich möchte daher zunächst – bevor wir in das Handwerk und die geltenden Regeln einsteigen – die diversen Begriffe vorstellen und erläutern wie ich sie im Folgenden gebrauchen werde.

Der Reim

Unter Reim wollen wir nur die sich reimenden Wörter verstehen. Das klingt banal und zudem merkwürdig, da ja hier ein Begriff quasi durch den gleichen Begriff erklärt wird. Aber wichtig ist hier das Wörtchen »nur«. Damit möchte ich zunächst den Begriff Reim vom Vers, der aus mehreren Zeilen und in der Regel auch aus Wörtern zusätzlich zum Reim besteht. Hier zeigt sich deutlich, warum eine Begriffserklärung auch bei alltäglichen, scheinbar einfachen Wörtern sinnvoll ist. Als ich neulich auf einem Flohmarkt nach Bilderbüchern für meinen zweijährigen Sohn suchte, entdeckte ich nämlich eins mit dem Titel Kinderreime. Oho, dachte ich, das würde ich aber anders nennen, denn natürlich ging es in dem Buch um jene Vierzeiler und Achtzeiler, die Kinder so gerne und auch so erstaunlich leicht auswendig lernen. Ein Blick ins Lexikon half mir schnell, dies zu verstehen – und übrigens auch, warum man so oft gerade diesen Begriff »verhandeln« muss. Im Mittelhochdeutschen nämlich bedeutete Reim das, was wir heute den Vers nennen. Erhalten ist diese Bedeutung aber in den zusammengesetzten Worten Kinderreim – also hatten die Lektoren des erwähnten Buches natürlich nicht »geschludert« – oder Kehrreim, was heutzutage meist durch Refrain ersetzt wird. Kein Wunder also, dass beispielsweise begeisterte Hobbysänger oder Eltern kleiner Kinder bei dem Wort Reim zunächst an einen Vers denken. Zurück zu unserem Reim, unter dem wir reimende Worte – und nur diese – verstehen wollen. Was sich reimt, haben wir nicht zuletzt aus besagten Kinderreimen gelernt. Weg reimt sich auf Steg; haben auf laben, blühende auf glühende. Wenn wir von Reimen sprechen, meinen wir immer Endreime, gleiche Vokale von der letzten betonten Silbe bis zum Zeilenende. Andere Sprachen kennen andere Reime. In den vokalreichen romanischen Sprachen würde man das Paar laben und klagen als Reim empfinden. Auch andere Zeiten kennen andere Reime. In der altdeutschen und germanischen Dichtung kannte man den Endreim nicht, man erhielt eine Reimstruktur durch gleich klingende Anfangslaute, was man Stabreim nennt.

Der Vers

Stellen wir nun unseren Endreimen Texte voran, entstehen Verse. Natürlich muss ein Vers sich nicht notgedrungen reimen, die moderne Lyrik verzichtet in der Regel darauf. Aber wir wollen uns hier ausschließlich den reimenden Versen widmen. Ein Vers besteht aus mehreren Verszeilen. Mindestens zwei, aber auch drei, vier, fünf, sechs oder mehr Zeilen kann ein Vers haben.

Nicht jeder wandelt nur gemeine Stege:
Du siehst, die Spinnen bauen luftge Wege.

Johann Wolfgang von Goethe

Wilhelm Busch »brauchte« in dem folgenden Beispiel 16 Zeilen, um seine Gedanken zu dem Thema Vermählung niederzuschreiben.

O wie lieblich, o wie schicklich,
sozusagen herzerquicklich
ist es doch für eine Gegend,
wenn zwei Leute, die vermögend,
außerdem mit sich zufrieden,
aber von Geschlecht verschieden,
wenn nun diese, sag ich, ihre
dazu nötigen Papiere,
sowie auch die Haushaltssachen
endlich mal in Ordnung machen
und in Ehren und beizeiten
hin zum Standesamte schreiten,
wie es denen, welche lieben,
vom Gesetze vorgeschrieben,
dann ruft jeder freudiglich:
Gott sei Dank! Sie haben sich!

In anderer Weise verwendet man für die Bibel den Begriff Vers. Hier ist der Text in Verse eingeteilt, die nichts mit den gereimten (oder ungereimten) Versen der Dichtkunst zu tun hat. Die Einteilung in Verse dient lediglich der leichteren Zitierbarkeit der Bibelstellen.

Gedicht

Das Gedicht benennt das Ganze, das aus Reimen und Versen besteht. Was man als Gedicht bezeichnen darf, da gehen die Ansichten auseinander. Manch einer ist der Meinung, dass nur die anerkannt hohen Dichter und Dichterinnen Gedichte verfasst haben. Alles andere seien – ja was – Gereimtes? Verse? Mit dem Wort Gedicht verbindet sich die Vorstellung von Poesie. Von einem Gedicht erwartet man, dass es eine Idee, einen Gedanken, eine Stimmung oder ein Gefühl sehr komprimiert, aber präzise ausdrückt und/oder hervorruft. Ein Gedicht ist das Paradebeispiel für Synergie – das heißt, das Ganze ist mehr als die Summe der Teile. Bei einem Gedicht stimmt alles – Form, Inhalt, die Worte, die Kombination der Begriffe, der Rhythmus, die Melodie. Es ist eine in sich stimmige Komposition der Sprache. Denken Sie auch daran, wie wir das Wort Gedicht im übertragenen Sinne verwenden. Wenn wir z. B. nach einem besonderen Mahl sagen, dieses Menü sei ein Gedicht gewesen. Wir meinen damit, dass die einzelnen Zutaten und Speisen in wunderbarer Weise zusammenpassten und ein besonderes Geschmackserlebnis vermittelten. Auch wenn wir ein Kleid mit einem Gedicht vergleichen, dann bedeutet dies, dass in der Komposition von Farbe, Stoff und Schnitt – und Trägerin? – etwas Schönes geschaffen wurde. Ob in der sprachlichen Bedeutung oder im übertragenen Sinne, ein Gedicht ist durch die einzigartige Kombination der einzelnen Bestandteile etwas Originelles, etwas Besonderes. Ist also alles Gereimte ein Gedicht? Sicher, eine Büttenrede, die sich ja traditionell auch reimt und aus Versen gleicher Struktur besteht, nennt man eben Büttenrede und nicht »Gedicht«. Wenn Sie aber Verse aus eigener Feder auf einer Hochzeit vortragen, dann könnten diese entweder den Stil eines humoristischen Vortrags haben oder aber Ihre Gedanken und Gefühle anlässlich der Besonderheit des

Festes wiederspiegeln. Wäre das nicht ein Gedicht? Ich kann Ihnen keine abschließende Antwort darauf geben, ob Sie Ihre Werke Gedichte nennen »dürfen« oder nicht. Ich bin – aus Respekt vor den Großen in dieser Kunst – bei meinen eher zögerlich mit dieser Bezeichnung. Sie sind wohl eher Verse – obwohl ... – und vergessen Sie nicht – auch ein Schriftsteller wie Heinz Erhardt nannte eines seiner Bücher »Noch'n Gedicht«. Er löste dieses Problem mit einem Augenzwinkern und der ihm eigenen Selbstironie.

Dieses Buch heißt Verse schmieden und nicht Gedichte schreiben. Es wird in diesem Buch darum gehen, wie man reimt, wie man Verse gestalten kann und wie daraus ein Ganzes wird. Es ist keine Abhandlung über die Poesie der deutschen Sprache. Nur, das Handwerkszeug ist letzlich das Gleiche, wenn auch in der modernen Lyrik selten gereimt wird. Wenn ich aber ein Gefühl für Reime, den Rhythmus der Sprache, für sprachlichen Ausdruck habe, dann kann ich mit Erfolg Verse schreiben für das Gästebuch, für Hochzeitseinladungen, zum Vortrag auf runden Geburtstagen und so weiter. Die Lust am Experimentieren mit Sprache, die Freude am Klang der Worte, das Hören des Rhythmus führt mich vielleicht auch dahin, dass ich versuche, innere Gedanken, Stimmungen, Ideen auszudrücken, ohne den pragmatischen Anlass eines Festes. Lassen Sie sich auf diese Freude ein, egal ob der eine oder die andere von Ihnen letztlich tatsächlich ein »wahres« Gedicht schreiben wird oder ein – ja was?

Geständnis

Was ist schwer zu verbergen? Das Feuer!
Denn bei Tage verräts der Rauch,
Bei Nacht die Flamme, das Ungeheuer.
Ferner ist schwer zu verbergen auch
Die Liebe: noch so stille gehegt,
Sie doch gar leicht aus den Augen schlägt.
Am schwersten zu bergen ist ein Gedicht:
Man stellt es untern Scheffel nicht.
Hat es der Dichter frisch gesungen,
So ist er ganz davon durchdrungen;
Hat er es zierlich nett geschrieben,
Will er, die ganze Welt solls lieben.
Er liest es jedem froh und laut,
Ob es uns quält, ob es erbaut.

Johann Wolfgang von Goethe

Reim dich oder ich beiß dich

Die Kapitelüberschrift drückt sehr treffend aus, wie man sich beim Reimeschmieden manchmal fühlt. Man hat eine wunderschöne Idee, findet für die erste Zeile einen gelungenen Einstieg in den entstehenden Vers und sucht und sucht nach dem passenden Reim dazu. Man wüsste ja schon, wie es sinngemäß weitergehen soll, und auch das eine oder andere Wort reimt sich ... beinahe. In solchen Augenblicken oder besser Minuten und Stunden, in denen man frustriert auf das Blatt starrt, möchte man am liebsten in eben dieses beißen. Wenn Sie sich in einer solchen Situation wiederfinden, geben Sie nicht auf. Lassen Sie es sich ein Trost sein, dass es mit an 100-prozentiger Wahrscheinlichkeit grenzend jedem – und zwar wirklich jedem – mehr als einmal so geht. Ganz sicher hat auch ein Wilhelm Busch oder ein Johann Wolfgang von Goethe einmal so dagesessen. Überliefert und gedruckt sind in der Regel ja nur die Endprodukte, und nicht die vielen Konzeptzettel, Vorentwürfe und Überarbeitungen.

Auch verhält es sich mit dem Reimen wie mit anderen Fertigkeiten. Ein treffender Vergleich ist meiner Meinung nach das Sprechen einer fremden Sprache. Ich behaupte von mir, dass ich Englisch spreche. Nach sieben Jahren Schulunterricht, einjährigem USA-Aufenthalt und Studium der Sprache dürfte diese Feststellung nicht übertrieben sein. Aber selbst hier erlebe ich, dass ich, wenn ich lange in dieser Sprache nicht gefordert war, zwar mühelos englische Texte verstehe, aber Zeit brauche, um wieder in das Reden, in den aktiven Gebrauch der Sprache zu kommen. Genauso geht es mir mit dem Reimen. Nach langer Abstinenz scheint es mir immer wieder, dass mir an Reimen außer Herz & Schmerz, Weg & Steg und mein & dein nichts einfallen will. Doch »Sich regen bringt Segen« reimt das Sprichwort, und es hat recht. Je länger und je öfter Sie sich um Verse bemühen, umso müheloser werden Ihnen die passenden Reime einfallen. Überlegen Sie einmal, wie viel Goethe im Laufe seines Lebens gedichtet hat – richten wir das Augenmerk mal nur auf die Quantität – dann denken Sie unwillkürlich an das Sprichwort

»Übung macht den Meister«. Wenn Sie nun aber gerade beginnen, noch keine Meisterin, noch kein Meister sind, dann hilft Ihnen garantiert das Reimlexikon, das Sie im hinteren Teil dieses Buches finden, weiter. Ob Goethe ein Reimlexikon benutzte, ist mir nicht bekannt. Aber schon 1540 wurde das erste deutsche Reimlexikon zusammengestellt! Warum wohl? Obwohl man auf die deutsche Sprache bezogen gerne sagt, »Das wird gesprochen, wie man es schreibt«, muss man klar unterscheiden zwischen den geschriebenen Buchstaben und den gesprochenen Lauten. Im Vergleich zu manch anderen Sprachen, wie z. B. Englisch, ist im Deutschen die Übereinstimmung von Schrift und Sprache zwar relativ hoch. Für die Qualität eines Reimes ist aber allein die Aussprache relevant, egal aus genau welchen Buchstaben sich die Wörter zusammensetzen. Es gibt daher eine umfangreiche Lautschrift, die die Unterschiede der Aussprache genauestens darstellt, jedem bekannt aus fremdsprachlichen Wörterbüchern. Auch für die deutsche Sprache gibt es Aussprachewörterbücher. Für den Laien und Ungeübten ist die Lautschrift allerdings nicht so leicht zu entschlüsseln, und will man sich beim Verseschreiben »von der Muse küssen« lassen, dann wäre der Umgang mit dieser Schrift meist eher hinderlich. In der Regel werden Sie die Qualität Ihrer Reime durch lautes Vorsichhinsagen am besten prüfen können.

Reim dich oder ich beiß dich

Was reimt sich?

Es gibt reine und unreine Reime und solche, die keine sind. Betrachten wir zuerst die reinen Reime.
Im Zentrum des Reims stehen die Vokale und ihre Variationen:

- die Vokale (Selbstlaute):   a, e, i, o, u
- die Umlaute   ä, ö, ü
- die Doppellaute   ai, au, ei, eu, äu

Kombiniert man diese Vokale mit den Mitlauten, den Konsonanten, entstehen Wörter. Diese gelten als Reime, wenn die Mitlaute nach dem Vokal identisch und die Mitlaute vor dem Vokal verschieden sind oder bei einem Wort fehlen.

Die reinen Reime

In folgender Tabelle reimen sich die untereinander stehenden Wörter

Aal	Ehe	ich	Ort	und
mal	wehe	mich	fort	Hund
Schal	gehe	dich	Mord	Mund
Pfahl	stehe	Stich	Wort	bunt

Anhand dieser Liste lässt sich gut die Bedeutung der Aussprache gegenüber der Schrift verdeutlichen. Aal, Schal, und Pfahl reimen sich, weil sie gleich ausgesprochen werden, obwohl die Buchstaben nach dem

Vokal z. T. verschieden sind. Das zweite »a« in Aal und das »h« in Pfahl werden nicht gesondert ausgesprochen, sondern signalisieren dem Sprecher lediglich, dass das »a« langgezogen wird. Auch mal und Schal spricht man mit langem »a«, ohne dass irgendwelche Ergänzungen erforderlich sind. So logisch, wie man gemeinhin glaubt, ist offensichtlich die deutsche Sprache doch nicht aufgebaut. Auch ein anderes Beispiel aus dieser Liste verdeutlicht dies. Das Paar Mord & Wort reimt sich deshalb, weil ein »d« am Ende eines Wortes wie »t« gesprochen wird. Aber Achtung: sollten Sie einen solchen Vers verändern und dann am Ende der Zeilen Mörder & Wörter stehen haben, dann ist der Reim nicht mehr rein, denn in Mörder wird das »d« wie »d« gesprochen. Das Gleiche gilt für Hund & bunt. Schauen wir uns Beispiele mit den Umlauten an:

ä	ö	ü
Äcker	Adieu	früh
Bäcker	Bö	Debüt
Geschmäcker	die Flöh'	Menü
lecker	Milieu	die Müh'

In der ersten Spalte dieser Tabelle finden wir Reimwörter mit dem bestimmenden Vokal »ä«. Auf Äcker reimt sich auch lecker, weil hier »ä« und »e« gleich ausgesprochen werden. Doch Vorsicht, reine Reime erhält man so nur, wenn diese Vokale kurz gesprochen werden. Ein weiteres Beispiel wäre Mächte & schlechte. Wörter hingegen wie Sägen, in denen das »ä« lang gesprochen werden, reimen sich nicht richtig auf ähn-

Reim dich oder ich beiß dich

liche Wörter mit langem »e« wie Regen. Im Falle von Sägen & Regen würde man von einem unreinem Reim sprechen.

Die Auswahl der Reimbeispiele zu »ö« und »ü« sind natürlich etwas unfair, da hier einige Wörter hinzugenommen wurden, die ursprünglich nicht deutsch sind, die aus einer anderen Sprache übernommen wurden. Üblicherweise übernimmt man dann auch die fremde Schreibweise. Erst im Laufe der Zeit, wenn solche Wörter in den eigenen Wortschatz mehr und mehr integriert sind, werden Schreibweisen angepasst. Dies geschah auch schon vor der Rechtschreibreform. So ist z. B. schon lange die Schreibweise Frisör neben Friseur üblich. Ansonsten zeigen auch die Beispiele zu »ö« und »ü«, dass das stimmlose »h« unbeachtet bleiben darf.
Wie sieht es mit den Doppellauten aus.
Einige Beispiele:

ai	au	ei	eu	äu
Mais	braun	Mais	Leute	Leute
Reis	Clown	Reis	Bräute	Bräute
weiß	traun	weiß	heute	heute
heiß	Zaun	heiß	Häute	Häute

Die Spalten zu »ai« und »ei« sowie »eu« und »äu« zeigen, diese Doppellaute werden jeweils gleich gesprochen. Alle diese Wörter reimen sich, ungeachtet der unterschiedlichen Schreibweise. Die Beispiele zu »au« zeigen noch einmal, wie übernommene Wörter aus anderen Sprachen noch weniger an ähnliche Schreibweisen gebunden sind.

Sie sehen schon, ich habe speziell für diese Listen Beispiele ausgesucht, die den Unterschied zwischen Schriftsprache und gesprochener Sprache herausstellen. Eine andere Gruppe von Wörtern möchte ich hier noch zeigen, bei denen ebenfalls auf diese Unterschiede zu achten ist. Es geht dabei nicht um die Vokale, die den Reim bestimmen, und auch nicht um die Mitlaute, die ihnen folgen, sondern um Mitlaute, die den Vokalen vorangehen. Ein Wort reimt sich nicht mit sich selbst.

> Auf diesem Fest geht's wirklich rund
> das ist 'ne wahrlich lust'ge Rund'.

Von dem nicht sehr originellen Inhalt einmal abgesehen – das ist kein Reim! Auch wenn die Worte dem Inhalt nach verschieden sind, aber gleich ausgesprochen werden, bilden sie keinen Reim.

> Mein Gewicht kenn ich nur vage
> denn ich habe keine Waage.

Auch das ist kein Reim, denn vage wird auch wie »w« gesprochen. Als anderes Beispiel dient Verse & Ferse, beide beginnen – in der Aussprache – mit »f«. Dahingegen würde sich Verse auf diverse reimen, obwohl jeweils der gleiche Buchstabe dem Vokal vorausgeht, denn in diverse wird das »v« wie »w« gesprochen.

Die unreinen Reime

Zusätzlich zu den reinen Reimen, die zuvor beschrieben wurden, gibt es auch solche Reime, die man unrein nennt. Bei diesen stimmen die Selbstlaute oder Mitlaute nicht ganz überein. Entweder klingen sie nicht völlig identisch oder werden einmal kurz und einmal lang ausgesprochen, lauten also nicht völlig gleich.
Viele Hobbydichter lehnen die Anwendung von unreinen Reimen rundweg ab. Sie bestehen darauf, dass nur reine Reime, also solche, in denen die Laute absolut identisch sind, als Reime gelten dürfen. Warum aber, frage ich Sie, spricht man in einigen Fällen von unreinen Reimen, während man bei anderen Fällen gewisse Wortpaare als Reim rundweg ablehnt? Weil eben unreine Reime auch Reime sind, wenn auch nicht so schöne und perfekte. Ein Blick in die Literatur bestätigt, dass auch die anerkannten Dichter, sei es ein Goethe oder ein Wilhelm Busch, sich zuweilen solcher unreiner Reime bedienten. Ja, sagen da einige strenge Hobbydichter, die haben ja hinlänglich bewiesen, dass sie es auch richtig können. Nun ja. Ich denke mir, gleiches Recht für alle. Mit Maß und Blick fürs Gesamte sind auch die unreinen Reime durchaus verwendbar beim Verseschmieden.
Betrachten wir nun die verschiedenen Möglichkeiten, die uns unreine Reime zusätzlich zu den reinen bieten. Unreine Reime klingen nicht genau gleich, d. h., sie unterscheiden sich im Klang oder in der Länge des gesprochenen Lauts.

Selbstlaute und Umlaute

Wir haben oben gesehen, dass es Wörter gibt, in denen sich Selbstlaute und ähnliche Umlaute vollkommen reimen. Die Doppellaute »ai« und »ei« sowie »eu« und »äu«, so haben wir gelernt, werden gleich ausgesprochen, Wörter mit diesen können sich also ungeachtet der unterschiedlichen Schreibweise sauber reimen. Auch Beispiele wie Äcker & lecker zeigen, dass in einigen Fällen die Buchstaben »ä« und »e« in der Aussprache gleich sind. Dies ist aber nicht immer so, in der Regel sind die Selbstlaute und Umlaute eben nicht gleich lautend. Bei ihrer Verwendung muss ein unreiner Reim in Kauf genommen werden.
Zur Beruhigung aller suchte ich als Fallbeispiele für unreine Reime Verse bei anerkannten Dichtern aus, deren Ruhm und Talent dadurch sicherlich nicht geschmälert werden können.
Matthias Claudius (1740–1815) beginnt sein Gedicht »Der Mensch« mit den Zeilen

Empfangen und genähret
vom Weibe wunderbar,
kömmt er und sieht und höret
und nimmt des Trugs nicht wahr ...

Das nächste Beispiel ist ein Vers aus dem Gedicht »Durchwachte Nacht« von Annette von Droste-Hülshoff (1797–1848). Sie reimt eu und ei sowie ü und i:

Der Tauben Schwärme kreisen scheu,
wie trunken in des Hofes Rund,
und wieder gellt des Hahnes Schrei,
auf seiner Streue rückt der Hund,
und langsam knarrt des Stalles Tür –
die Uhr schlägt vier.

Und schließlich Wilhelm Busch, der vielfach diese so genannten unreinen Reime verwandte:

Ach, was muss man oft von bösen
Kindern hören oder lesen!

Menschen necken, Tiere quälen,
Äpfel, Birnen, Zwetschgen stehlen.

Kurze und gedehnte Selbst- oder Umlaute

In diesem Fall geht es darum, dass Wortpaare, bei denen das eine Wort einen kurzgesprochenen und das andere einen langgezogenen Selbstlaut hat, als unreine Reime bezeichnet werden. Ich gebe es zu, mir gefallen solche Paarungen eigentlich nicht, und ich würde sie gerne nur selten als Reim bezeichnen. Allerdings muss ich ebenfalls zugeben, dass ich sie mitunter selbst verwende. Auch hierzu finden sich in der Literatur hinlänglich Beispiele für die Verwendung solcher Paare. So reimte Heinrich Heine (1797–1856) Wüste auf Küste, und das Gretchen in Goethes »Faust« sagt:

> Mein Busen drängt
> Sich nach ihm hin.
> Ach dürft ich fassen
> und halten ihn.

Auch in Kirchenliedern oder Volksliedern werden oft Reime verwendet, in denen ein kurzer und ein langer Vokal gereimt werden. In Kirchenliedern wird durchaus Gott auf Tod gereimt.
Kehren wir zurück zu unserem Reimeschmieden. Bei diesen unreinen Reimen nähern wir uns dem Bereich der Dialektreime, die nachstehend noch einmal eingehender behandelt werden. In den Dialekten werden Wörter unterschiedlich ausgesprochen. Ich habe z. B. eine Freundin, die das Wort Glas mit kurzem »a« spricht.

Während für mich der Vers

> Ich fülle mit Maß
> den Wein mir ins Glas.

einen reinen Reim aufzeigt, würde sie

> Ich liebe das Nass,
> das gärt in dem Glas.

als richtig empfinden.

Da ich ihre Art zu sprechen kenne, würde ich sicherlich, sollte sie bei einer Gelegenheit diesen Vers vortragen, ihren Reim akzeptieren, ja möglicherweise noch nicht einmal wahrnehmen, dass er der Hochsprache nach nicht ganz korrekt ist. Läse ich dies aber in schriftlicher Form, wobei ich natürlich dann meine eigene Aussprache zugrunde legen würde, käme mir der Reim merkwürdig vor. Daraus lernen wir, dass die Gelegenheit, die Form und nicht zuletzt die Zielgruppe, für die wir Verse schmieden, ausschlaggebend sind für das Maß an Toleranz bei solchen Zweifelsfällen.

Noch ein Tipp zum Umgang mit unreinen Reimen

Manchmal geht es eben gar nicht anders. Ein Gedanke ist in Worte gefasst, alles stimmt, und die beste Ergänzung zu einer Verszeile ist leider eine, die nur einen unreinen Reim bietet. Seien Sie tolerant, akzeptieren Sie dies. Kommt es nicht so häufig vor, sowieso. Wenn Sie eine Versstruktur verwenden, in der sich Zeilen 1 und 3 sowie 2 und 4 reimen, dann fallen die unreinen um so weniger auf, da ja immer eine Zeile mit einem fremden Reim dazwischen liegt.

Übertrieben unrein

Ich will was erzählen,
gereimt soll es sein.
Die Worte mir fehlen,
ein Reim würd mich freun.

Ach wenn's nur gelänge
von Liebe und Glück
zu reimen mit Strenge.
Ich hab's langsam dick.

Jetzt stöhne ich böse,
der Vers wird ganz schlecht.
Wenn das jemand läse,
was der von mir dächt'.

Schon naht die Migräne,
der Kopf hat Verdruss,
ich raufe die Mähne.
Es geht doch! Mach Schluss!

Reimen im Dialekt

Wenn Sie Mundartdichter sind oder einfach einmal Ihrem Dialekt entsprechend einige Wendungen verwenden möchten, dann müssen Sie sich im Wesentlichen auf Ihr Ohr, auf Ihre Kenntnis der Aussprache verlassen. Kein Aussprachelexikon und auch nicht das Reimlexikon kann Ihnen dann so richtig helfen. Im Dialekt wird häufiger gereimt, als Sie glauben mögen. Von den traditionellen Faschings- und Karnevalsvorträgen abgesehen, werden auch oft Verse, die auf Festen wie Geburtstagen oder Hochzeiten vorgetragen werden, in der jeweiligen Mundart verfasst. Dabei muss es nicht unbedingt im reinsten Dialekt gesprochen werden, oft stechen nur einige Worte in ihrer besonderen Betonung oder Aussprache heraus.

Doch Vorsicht bei schriftlichen Werken! Wenn Sie sich der Unterschiede Ihres lokalen Idioms und der Hochsprache nicht völlig bewusst sind, dann können auf diese Weise auch Wortpaare entstehen, die der Empfänger Ihres Werkes – man denke an ein selbst verfasstes Weihnachtsgedicht, das an alle Freunde in ganz Deutschland verschickt wird – nicht als Reim verstehen würde.

Ein passendes Zitat findet sich – wie soll's im Deutschen auch anders sein – bei Goethe. In seinem »Faust« reimt er »Ach, neige, du Schmerzensreiche«. In der Hochsprache ist das beim besten Willen kein Reim. Im Frankfurter Dialekt aber wird neige wie »neiche« ausgesprochen, und schon würde es passen.

Allerdings war Goethe nun wirklich kein Mundartdichter. Falls Ihnen also einmal Gleiches aus Versehen unterläuft und Sie müssen Spott erdulden, verweisen Sie auf die »Tradition«, in der Sie in diesem Fall stehen. Also: Tragen Sie Ihr Werk lediglich vor, wird das Publikum jede kleinste Abstufung der Menge des Dialekts registrieren und verstehen. Erscheinen Ihre Verse in schriftlicher Form, können Sie entweder versuchen, die Dialekt-Aussprache in die Schriftsprache zu übernehmen, was aber eigentlich nur bei wirklichen Mundartdichtern Sinn machen würde. Ist Ihr Werk nicht vollständig im breitesten Dialekt verfasst und würde ein Dialektreim Ihnen lediglich aus der Patsche helfen, dann vermeiden Sie diesen – und auch die Verschriftlichung desselben – unbedingt. Die Leserinnen und Leser würden ihn nicht unbedingt erkennen, und schon ist der ganze schöne Dialektreim nur noch ein unschöner, weil falscher Reim. Eine Andersschreibung solcher Einzelfälle würde Ihnen hier auch nichts helfen, denn denken Sie an Goethe. »Ach, neiche, du Schmerzensreiche« hätte den Ruf nicht wirklich gerettet.

Reime, die keine sind

Nach den Ausführungen über reine und unreine Reime fragen Sie sich jetzt vielleicht, ob denn eine weitere Erläuterung zu falschen Reimen, oder besser zu dem, was keine Reime sind, noch nötig ist. Frei nach dem Motto: »Alles andre ist verkehrt«. Wir haben bisher das Augenmerk auf die Selbstlaute (bzw. Umlaute und Doppellaute) gerichtet und ihre Umgebung vernachlässigt. Zu einem funktionierenden Reim gehören aber in der deutschen Sprache zwingend die folgenden Mitlaute, die Konsonanten, die ebenfalls stimmen müssen.

Anhand des Wortpaars Mord & Wort wurde gezeigt, dass auch bei den Mitlauten nicht jeder Buchstabe immer gleich ausgesprochen wird. Die Aussprache der Konsonanten ist abhängig von ihrer Stellung im Wort.

Die Definition eines Endreimes, wie wir ihn verwenden, ist, dass ab dem letzten betonten Vokal (oder Umlaut bzw. Doppellaut) alle Laute *gleich* sind. Auf diese Weise reimt sich:

	auf	aber nicht auf
wagen	sagen	laden
legen	regen	reden
Kind	sind	stimmt
Baume	Traume	Laune
Heute	Leute	Freude*
reimen	leimen	leinen
Runde	Munde	munden

Reim dich oder ich beiß dich

* Dies wäre jedoch ein Beispiel, wo man mitunter großzügig sein könnte. Streng genommen reimt sich Freude auf Heute nicht, da im ersteren ein stimmhaftes d gesprochen wird, im letzteren ein stimmloses t. Jedoch reimte auch Goethe Kinder auf Winter, das war zwar genauso wenig ein richtiger Reim, aber wen hat das gestört?

Mehrsilbige Reime

Bei mehrsilbigen Reimen muss besonders auf die Betonung geachtet werden. Damit mehrsilbige Wörter sich reimen, müssen sie neben der gleichen Lautung der einzelnen Buchstaben auch die Betonung an der gleichen Stelle haben. Bei zweisilbigen Wörtern kann die Betonung auf der ersten oder der zweiten Silbe liegen, bei dreisilbigen auch auf der dritten. Reimen müssen sich die betonten Silben, sodass sich natürlich ein dreisilbiges Wort mit der Betonung auf der letzten Silbe auf ein einsilbiges Wort gut reimen kann.

> Einst lebte froh ein Krokodil
> in Afrika am Flusse Nil.

Besonders die Verben mit ihren verschiedenen Möglichkeiten der Vorsilben müssen mit besonderer Sorgfalt verwendet werden, denn sie verführen recht häufig zum Missgriff.

	reimt sich auf	aber nicht auf
gehen	verstehen	aufstehen
machen	belachen	anlachen
schallen	gefallen	wegfallen
spenden	verwenden	einwenden
schelten	entgelten	abgelten

Reime, in denen sich eine unbetonte Endsilbe auf eine betonte reimen soll, kommen mitunter in Liedtexten vor, wo die Melodie das Schlimmste verhindert. Sie sind bestenfalls im Vortrag eines sehr humoristischen Gedichts zu verkraften, wenn man sich gleichzeitig selbstironisch beim Publikum durch Gesten dafür entschuldigen kann.

Besondere Reimarten

Einige besondere Reimarten sollen hier nicht unerwähnt bleiben, wenngleich sie dem eigentlichen Prinzip, das zuvor erklärt wurde, nicht widersprechen. Bei mehrsilbigen Wörtern können sich nicht nur die Silben nach der letzten betonten Silbe reimen, sondern auch die davor.
Aus dem reinen Reim in

> Bei manchen ist der Wagemut
> selten auch im Dunkeln gut

kann man einen Doppelreim machen, der dem Vers den besonderen Pfiff gibt:

Bei manchen ist der Wagemut
tatsächlich nur am Tage gut.

Hier reimt sich Wage- auf Tage und -mut auf gut. Solche Reime nennt man Doppelreime, denn sie reimen gleich doppelt. Wie Sie sehen, können hier auch mehrsilbige Wörter mit verschiedenen einzelnen Wörtern gereimt werden. Weitere Beispiele für Doppelreime wären:

Drum wurde sie ganz wortgewandt
zu jenem stillen Ort gesandt.

Liebe Tochter, schlafe ein,
Du willst doch meine Brave sein.

Ganz besonders interessant wird es, wenn man Doppelreime findet, die zugleich Schüttelreime sind. Hier werden die Anfangslaute der verschiedenen Silben durcheinandergeschüttelt bzw. vertauscht:

Dichter seht! In Reimes Hut
wohl mancherlei Geheimes ruht.

Er rührte an die Kleistermasse,
im Leimen ist er Meisterklasse.

Der Fisch, der lebt im nassen Wasser,
drum sagen viele, was 'en nasser.

Montezuma Rache schwur.
Ich hab davon 'ne schwache Ruhr.

Doppelreime oder gar Schüttelreime sind leider schwer zu finden. Und ersinnt man sich mal welche, dann ist es meist noch schwerer, sinnvolle Ergänzungen zu diesen zu finden, wie einige der obigen Beispiele gut verdeutlichen.

Nutzen Sie Hilfsmittel

Eine wunderbare Erfindung ist ein Reimlexikon, wie Sie es auch im hinteren Teil dieses Buches finden. Gerade wenn man nur gelegentlich zum Verseschmieden kommt – und wer darf so etwas schon berufsmäßig – ist man nicht immer in der Übung, sind nicht immer viele Worte präsent.

Das Reimlexikon ist zwar alphabetisch aufgebaut. Aber die Worte sind natürlich nicht nach ihren Anfangsbuchstaben sortiert wie in einem normalen Wörterbuch, sondern nach den Vokalen (bzw. Doppellauten, Umlauten) der betonten Silben und den nachfolgenden Mitlauten. Suchen Sie beispielsweise einen Reim auf »baden« dann schauen Sie unter dem Eintrag »aden« nach, dort finden Sie »Faden«, »laden«, »schaden«, aber auch »den Pfaden« oder »die Waden« mit dem Hinweis, auch einmal unter den Eintragungen »ad« bzw. »ade« nachzuschauen, wo »Pfad« oder »Wade« eigentlich stehen. Dort entdecken Sie möglicherweise noch andere Wörter, die sich durch Pluralisierung oder in bestimmten grammatischen Fällen (Akkusativ, Dativ usw.) ebenfalls auf »baden« reimen würden.

Reim dich oder ich beiß dich

Ein anderes Lexikon, das gute Dienste leisten kann, ist ein Synonym-Wörterbuch. Synonyme sind Wörter, die das Gleiche oder Ähnliches bedeuten. Stellen Sie sich vor, Sie schreiben einen Vers über das Schwimmen. Dann werden Sie im Reimlexikon feststellen, dass sich auf »schwimmen« nicht viel reimt, jedenfalls nichts, was Sie verwenden möchten. Dann könnten Sie – weil Sie ja gerade so fixiert auf »schwimmen« sind und Ihnen gar kein anderes Wort einfallen will – in Ihrem Synonymlexikon unter »schwimmen« nachschauen, und unter anderem »baden« finden. Ein Wort, für das Ihr Reimlexikon wie oben beschrieben eine Vielzahl an Reimen anbietet.

Es kommt immer wieder vor, dass man beim Reimen plötzlich nicht mehr weiterkommt. Man hat bestimmte Wortpaare und Ausdrücke im Kopf und nichts passt zusammen, wie man es gerne hätte. Natürlich kann man dann das Ganze auch erst einmal zur Seite legen und später den Faden wieder aufgreifen, wenn der Kopf frei ist und man unvoreingenommen neu beginnen kann. Die schöpferische Pause wirkt Wunder, und manchmal hilft ohne sie auch kein Lexikon, ob für Reime oder Synonyme, weiter. Es gibt aber auch Momente, in denen man gerne weiterarbeiten will (oder unbedingt muss, weil der runde Geburtstag naht), Momente, in denen die besagten Lexika die Kopfblockaden lösen und neue Möglichkeiten zum Weiterreimen aufzeigen können.

Der Rhythmus macht's

Wir wissen nun, wie sich die Worte oder Silben am Ende verschiedener Zeilen zu verhalten haben, damit sich diese reimen. In diesem Zusammenhang haben wir auch schon über die Bedeutung der Betonung gesprochen, die maßgeblich ist für die Reinheit eines Reimes. Genauso wichtig, aber quantitativ sogar noch bedeutender, ist die Betonung der verschiedenen Silben innerhalb eines Verses, eines Gedichtes. Der Rhythmus muss stimmen. Jeder noch so Ungeübte im Lesen von Gedichten fällt bei gelungenen Gedichten automatisch in den ihnen zugrunde liegenden Rhythmus, und bemerkt im Lesen stockend, wenn der

Rhythmus nicht mehr stimmt oder zu einer anderen Betonung von Worten führt als in der Alltagssprache üblich.

Die Art und Weise, wie betonte und unbetonte Silben aufeinander folgen, nennt man Versfuß. Wichtig für den richtigen Rhythmus innerhalb eines Gedichtes ist außerdem die Anzahl der Silben pro Zeile, die sich ebenfalls einer bestimmten Struktur anpassen müssen. Es gibt unzählige Variationsmöglichkeiten dieser beiden Komponenten. Über die Metrik, so heißt dieses Feld in der Wissenschaftssprache, wurden und werden meterweise Bibliotheksregale gefüllt. Der Inhalt dieser Forschungen kann natürlich hier nicht wiedergegeben werden, auch wäre es dem »Dichterdrang« der Hobbydichter nicht gerade förderlich, würde man verlangen, dass sie sich erst einem umfangreichen Studium hingeben müssten. Es ist auch gar nicht notwendig, dass man alles über diesen Bereich weiß. Hier sollen einige grundlegende Zusammenhänge und Strukturen vorgestellt werden. Jeder von Ihnen wird und kann dann selbst mit den verschiedenen Möglichkeiten experimentieren und die Ihnen liegende Versstruktur wählen.

Der Versfuß

Es ist leicht gesagt: Der Versfuß bedeutet, in welcher – regelmäßigen – Weise sich die betonten und unbetonten Silben innerhalb einer Zeile wiederholen. So leicht das zu beschreiben ist, so schwer kann es für manchen sein, die relevanten Betonungen zu hören. Ich stand während meiner Schulzeit und auch noch während meines literaturwissenschaftlichen Studiums oft auf »Kriegsfuß« mit dem Versfuß. Das Lesen der in der Regel gelungenen Gedichte in der Literatur fiel mir natürlich nicht schwer. Denn diese Gedichte waren ja gerade deshalb gelungen – und deshalb auch sicher Bestandteil der bekannten Literatur – weil die Dichter und Dichterinnen treffsicher die Wörter und Silben gemäß ihrer natürlichen Aussprache aneinander gereiht hatten. Der Rhythmus stimmte einfach. Nur, für dieses oder jenes Gedicht spontan den passenden Versfuß zu benennen, fiel mir schwer. Vielleicht hängt es damit zusammen, dass ich – unmusikalisch wie ich bin –, auch kaum ein Lied richtig und erkennbar wiedergeben kann. Die diversen Betonungen mussten und müssen für mich immer übertrieben ausgesprochen werden, damit ich die Struktur benennen kann. Falls es Ihnen so geht wie mir, geben Sie nicht auf, man kann es lernen und weiß es intuitiv vielleicht sogar besser als man denkt.

Ich bin sicher, dass jede und jeder von Ihnen den Rhythmus einer Büttenrede oder eines Faschingsvortrages wiedergeben kann, und dabei sogar auf Worte verzichten kann. Versuchen Sie es einmal. Nehmen Sie die Silbe »na« und versuchen Sie, dazu zwei Zeilen aus einer Faschingsrede zu intonieren. Sie werden automatisch einmal das »a« kurz aussprechen, das ist die unbetonte Silbe, und einmal lang, das ist die betonte Silbe. Immer wenn Sie sich unsicher sind, ob Sie die jeweilig richtige Betonung gewählt haben, dann versuchen Sie die Umkehrung. Ich stelle immer wieder fest, dass ich, wenn ich unschlüssig bin, die richtige Alter-

Der Rhythmus macht's

native gewählt habe. Denn wenn ich es dann in einem anderen Rhythmus versuche, merke ich sofort, dass dieser falsch ist. Ich finde es einfacher, die falschen zu identizifieren. Auf diesem Umweg aber weiß ich dann auch den richtigen zu finden. So banal es klingt: Es sind in der Regel nicht die einzelnen Wörter und Silben, die ihre Betonung verändern, wenn von einem Versfuß in den anderen gewechselt wird. Es gibt zwar Wörter, die je nach Zusammenhang unterschiedlich betont werden können, die Mehrheit behält jedoch ihre Betonung bei.

Welche Arten des Versfußes gibt es? Zur Verdeutlichung zeigt Ihnen jeweils ein Schaubild, welche Silben betont (′) und welche unbetont (_) sind. Betrachten wir die Betonung auf der ersten Silbe anhand dieser Zeilen von Wilhelm Busch:

Menschen necken, Tiere quälen,

Äpfel, Birnen, Zwetschgen stehlen.

Diesen Versfuß nennt man Trochäus, auch Ersttakt, da der Takt auf der ersten Silbe beginnt.

Beim Jambus, dem Zweittakt, liegt – Sie können es sich schon denken – die Betonung auf der zweiten Silbe. Wieder liefert uns Busch Anschauungsmaterial:

Erquicklich ist die Mittagsruh,

nur kommt man oftmals nicht dazu.

Übrigens müssen die Betonungspaare betont/unbetont bzw. unbetont/betont in einer Verszeile nicht immer vollständig sein. Sowohl Trochäus als auch Jambus können am Ende der Zeile auch auf eine betonte bzw. unbetonte Silbe enden. Schließlich ist die Anzahl der Silben in Verszeilen nicht auf gerade Zahlen beschränkt.

Weiter im Takt: Meiner Meinung nach schwieriger zu erkennen sind die Betonungsabfolgen, in denen jeweils 3 Silben eine Einheit bilden. Hier kann die betonte Silbe die erste, die mittlere oder die letzte der dreien sein.

Liegt die Betonung auf der ersten von dreien, nennt man das in der Verslehre Daktylus. Wir wollen hier als deutschen Namen den Begriff Ersttakt verwenden. Mit den folgende Zeilen beginnt das Gedicht »Lied auf dem Wasser zu singen« von Friedrich Leopold von Stolberg (1750–1819).

> Mitten im Schimmer der spiegelnden Wellen
>
> gleitet, wie Schwäne, der wankende Kahn;

Von Johann Klaj (1616–1656) stammt das Gedicht »Vorzug des Sommers«, das im so genannten Amphibrachys, dem Mitteltakt, geschrieben ist. Hier liegt die Betonung auf der mittleren von jeweils drei Silben:

Der Rhythmus macht's

Der Sommer kein Kummer- noch Trauernis leidet,

der Schläfer, der Schäfer, der pfeifet und weidet,

der Bauer, der Lauer, der erntet und schneidet.

Für den Dritttakt, in der Verslehre Anapäst genannt, finden wir ein schönes Beispiel bei den Volksliedern:

Kommt ein Vogel geflogen

Änderung des Versfußes

Man kann leicht den Versfuß ändern, indem man am Anfang der Zeile eine Silbe einführt. Ärgern wir einmal Wilhelm Busch:

Die Menschen necken, Tiere quälen,

und Äpfel, Birnen, Zwetschgen stehlen.

Es ist nur die Abfolge betont/unbetont, die verschoben wird. Sie müssen sich klarmachen, dass die Wörter und Silben unserer Sprache die Betonung nicht ändern, je nachdem, ob sie Bestandteil eines Trochäus oder eines Jambus sind.

Stimmt einmal Ihr Versfuß nicht, und Sie entdecken, dass beispielsweise mitten in der Zeile zwei betonte Silben aufeinanderfolgen, dann kann dies oft leicht durch das Einschieben kleiner einsilbiger Wörter behoben werden. Ich nenne diese Wörter Füllwörter. Sie sind hilfreich, aber mit Maß zu verwenden. Besser, schöner und eleganter sind Verse, die fast völlig ohne sie auskommen. Auch behilft man sich oft mit Kombinationen von Verben mit tun, um die Infinitivversion des Verbes am Ende der Zeile zu erhalten. Ebenso verlockend ist das Weglassen bestimmter Silben, die für den Rhythmus störend sind und die Kennzeichnung derselben mit einem Apostroph (z. B. ein' statt eine). Mithilfe der Füllwörter und des Weglassens bestimmter Silben kann man relativ schnell Reime im richtigen Rhythmus schmieden. Nur braucht man mit den Füllwörtern oft viele Zeilen und Verse, um die Idee in Gedichtform zu bringen. Wenn Sie mehr Zeit investieren beim Nachdenken, Ersinnen von Reimen, Verwerfen von Zeilen, einem Neubeginn, dann erhalten Sie sicherlich intensivere, sprachlich gewandtere, spannendere – kurz schönere Verse.

Ein Tipp zur Prüfung des korrekten Versfußes

Sie haben ein Gedicht geschrieben, sind mit dem Ergebnis recht zufrieden, aber nicht ganz sicher, ob der Rhythmus immer stimmt. Nun können und werden Sie auch das Gedicht laut lesen. Mal schnell, mal langsam, weil dadurch die Holprigkeiten auffallen und etwaige Fehler sichtbar werden, die Sie, wie gezeigt, oft durch einfaches Umstellen der Wörter oder durch Einfügen einzelner Silben schnell beheben können. Manchmal aber beschummelt man sich selbst, man liest gekonnt über die – ja doch irgendwie bekannten – Unwegsamkeiten hinweg. Wenn Sie ein solches Werk bei irgendeinem Anlass selbst vortragen, dann werden Sie auch beim Vortrag schummeln, und viele aus Ihrem Publikum werden die »Fehler« nicht bemerken. Übergeben Sie das gleiche Werk aber schriftlich, dann können Sie sich nicht darauf verlassen, dass der Empfänger ebenso geschickt die Unebenheiten ausbügelt. Er wird unbarmherzig alle Unsauberheiten entdecken. Ihr Ruf als Hobbydichter ist dahin. Ein einfaches Mittel gegen solches »Schludern« ist das Lesenlassen von anderen. Sie haben lange an Ihren Versen gesessen, im Laufe der Zeit vieles geändert und verbessert und sind eigentlich zufrieden mit dem Resultat. Lassen Sie es sich dann von einem unvoreingenommenen Mitmenschen laut vorlesen. Überall dort, wo dieser stolpert, sollten Sie noch mal mit Sorgfalt die Feder ansetzen.

Welche Zeilen sollen reimen?

Bevor Sie sich ans Reimen machen, sollten Sie sich überlegen, welche Zeilen sich reimen sollen. Es gibt zahlreiche Möglichkeiten und Variationen, die Sie mit Lust und Laune und Verstand verwenden können.

Der Paarreim

Dieser Typ ist die einfachste Reimform – und auch die kürzeste. Zwei Zeilen bilden ein Verspaar. Wenn wir zur bildlichen Veranschaulichung in unserem Beispiel jede Zeile mit gleichem Endreim mit identischen Buchstaben versehen, ergibt sich folgende Struktur:

a Heute geh ich. Komm ich wieder,
a singen wir ganz andre Lieder.
b Wo so viel sich hoffen lässt,
b ist der Abschied ja ein Fest.

Obwohl man den Paarreim als die einfachste Versstruktur bezeichnet, bedienen sich seiner auch die großen Dichter – hier war es Goethe. Wohlbekannt sind auch Buschs Geschichten von Max und Moritz, die ausschließlich in Paarreimen verfasst wurden.

Der Kreuzreim

Beim Kreuzreim überkreuzen sich zusammengehörige Reime. Zählt man die Zeilen ab, dann reimen sich jeweils die geraden und die ungeraden. Ich empfinde diese Art als die spannendere, da man auf den jeweils dazugehörigen Reim im Grunde eine weitere Zeile warten muss. Wie »Leise zieht durch mein Gemüt« von Heinrich Heine (1797–1856) auch zeigt, kann die Struktur des Kreuzreims die so genannten unreinen Reime besser vertragen als ein Paarreim. Durch die Zwischenzeilen springen die etwas ungleichen Laute nicht sofort ins Auge – oder besser ins Ohr.

a Leise zieht durch mein Gemüt
b Liebliches Geläute.
a Klinge, kleines Frühlingslied,
b Kling hinaus ins Weite.

c Kling hinaus bis an das Haus,
d Wo die Blumen sprießen.
c Wenn du eine Rose schaust,
d Sag, ich laß sie grüßen.

Der Klammerreim

Hier umschließt ein Zeilenpaar das andere. Als einfachste Variante heißt das, dass die erste und die vierte Zeile sich reimen und die zweite und die dritte. Ein Beispiel von Wilhelm Busch zur Verdeutlichung:

a Sie hat nichts und du desgleichen;
b Dennoch wollt ihr, wie ich sehe,
b Zu dem Bund der heil'gen Ehe
a Euch bereits die Hände reichen.

c Kinder, seid Ihr denn bei Sinnen?
d Überlegt Euch das Kapitel
d Ohne die gehör'gen Mittel
c Soll man keinen Krieg beginnen.

In seinem Gedicht »Der Abend« hat Joseph von Eichendorff (1788–1857) die genannte Klammerreimstruktur mit einer Reimhäufung a/a/a kombiniert:

a Schweigt der Menschen laute Lust:
b Rauscht die Erde wie in Träumen
b Wunderbar mit allen Bäumen,
a Was dem Herzen kaum bewusst,
c Alte Zeiten, linde Trauer,
c Und es schweifen leise Schauer
a Wetterleuchtend durch die Brust.

Die Variationen

Es ist eine Freude: Die genannten Versstrukturen können nun getrennt oder zusammen, vermischt oder nacheinander verwandt werden, um die eigenen Ideen auszudrücken. Sicher, die Struktur sollte noch erkennbar bleiben. So wäre es meist nützlich, würden die einzelnen Strophen eines Gedichtes eine ähnliche Struktur aufweisen.
Matthias Claudius wechselt beispielsweise in dem Gedicht »Die Mutter bei der Wiege« Paar- und Kreuzreime miteinander ab. Den mit »b« bezeichneten Reim wiederholt er in drei Versen in der jeweiligen Versstruktur. Da es in diesem Gedicht genau darum geht – Nase oder nicht – ist diese Wiederholung sicherlich passend.

a Schlaf, süßer Knabe, süß und mild!
a Du, deines Vaters Ebenbild!
b Das bist du; zwar dein Vater spricht,
b Du habest seine Nase nicht.

c Nur eben itzo war er hier
b Und sah dir ins Gesicht
c Und sprach: Viel hat er zwar von mir,
b Doch meine Nase nicht.

d Mich dünkt es selbst, sie ist zu klein,
d doch muss es seine Nase sein;
e Denn wenns nicht seine Nase wär,
e Wo hättst du denn die Nase her?

  b Schlaf, Knabe, was dein Vater spricht,
  f Spricht er wohl nur im Scherz;
  b Hab immer seine Nase nicht
  f Und habe nur sein Herz!

Denjenigen, die gerade beginnen, Reime zu schmieden, sei geraten, sich zunächst an einfache und klare Versstrukturen – Paarreim oder Kreuzreim – zu halten. Je mehr Sie sich jedoch im Versemachen üben, desto eher werden Sie entdecken, dass das Spiel mit den Reimen, Silben und Zeilen auch dazu herausfordert, die nun bekannten Regeln zu umgehen, sie aufzulösen oder gar selbst zum Thema zu machen. Christian Morgenstern (1871–1914) verfolgte mit dem Gedicht »Das ästhetische Wiesel« keine strengen Versregeln, und dennoch klingt es ausgesprochen passend.

  a Ein Wiesel
  a saß auf einem Kiesel
  a inmitten Bachgeriesel.

  b Wisst Ihr,
  c weshalb?

  c Das Mondkalb
  b verriet' es mir
  d im Stillen:

  b Das raffinier-
  b te Tier
  d tat's um des Reimes willen.

Welche Zeilen sollen reimen?

Beginnt man mit dem Reimen, dann versucht man meist die Zeilen so zu formen, dass sie grammatikalische Strukturen einhalten. Das merken Sie daran, dass Sie Satzteile in Zeilen zusammenstehen lassen oder dass Sie am Zeilenende ein Komma, ein Semikolon oder einen Punkt setzen. Raffinierter klingt es, wenn man einen Satz oder Satzteil über das Zeilenende laufen lässt. Das nennt man in der Fachsprache Enjambement, der deutsche Name dafür ist Zeilensprung. Morgenstern hat in dem obigen Beispiel in den Zeilen »das raffinier-/te Tier sogar ein Wort getrennt, wie er sagt »um des Reimes willen«. Ich persönlich mag es sehr, wenn die Satzstrukturen in einem Gedicht seine Versstruktur scheinbar auflösen. Man sollte hier natürlich auf die Einhaltung des Versmaßes achten.

Ein Tipp zum Umgang mit der Versstruktur

Sich vorher auf eine Struktur festzulegen, kann viel Arbeit ersparen. Mit hoher Wahrscheinlichkeit musste ich meist, wenn ich dies außer Acht ließ, im Laufe meines Reimens feststellen, dass die zu Anfang eher zufällig gewählte Struktur – mir fielen schnell die ersten Zeilen ein – im Laufe des Werkes hinderlich, schwer durchzuhalten oder schlicht von der Art her unpassend wurden. Also kehrte ich meist zurück an den Anfang und schrieb die Zeilen um. Sicher, selbst die sorgfältigst ausgewählte Reimfolge kann später umgeworfen werden. Dennoch denke ich, dass ich im Großen und Ganzen gut damit fahre, vorher nachzudenken.

Wie fängt man's an?

Da naht ein runder Geburtstag, da spricht man über die bevorstehende Hochzeit, da freut man sich auf eine Einladung zu Freunden, von denen man weiß, dass sie ihr Gästebuch sehr lieben. Und man überlegt sich, wie man das Ereignis gestalten kann, möchte etwas Schönes mitbringen, etwas von sich geben, die eigenen Gedanken gut zum Ausdruck bringen – und denkt darüber nach, alles in einem Gedicht zu erklären.

Man kann sich nun natürlich gänzlich von der Muse leiten lassen, ein weißes Papier vor sich legen und schauen, was so aus der Feder fließt. Das mag einigen

von Ihnen so gelingen. Bei mir funktionierte das nie. Meist stand ich schon nach zwei Minuten wieder auf, um Kaffee zu kochen, oder mir fielen plötzlich einige unerledigte Telefonate ein ... Und da blieb es liegen. Das weiße Blatt Papier.
Bevor man anfängt, nach Reimen zu suchen, sollte man sich erst einmal einige Gedanken machen. Was ist der Anlass? Wem will ich das Gedicht widmen? Will ich über eine Person etwas sagen, wenn ja, die Person in allen Eigenschaften würdigen oder ein oder einige wenige Merkmale hervorheben? Oder will ich nur über meine Beziehung, meine Anknüpfungspunkte mit dieser Person berichten. Vielleicht will ich den Schwerpunkt meiner Aussage auch auf den Anlass richten. Dann könnte ich bei einer Hochzeit über die Liebe oder das Kinderkriegen oder über die berühmte Zahnpastatube schreiben, an der Ehen zerbrechen können. Ist der Anlass ein runder Geburtstag, dann könnte ich über das Älterwerden oder das Alter sinnieren oder auch über das Jahr, in dem das Geburtstagskind geboren wurde. Ferner ist es schlau, sich vorher darüber Gedanken zu machen, ob es ein ernsteres Gedicht werden soll oder eines mit dem berühmten Augenzwinkern, oder gar eines, das ausschließlich witzig sein soll. Schließlich muss ich mir klar darüber werden, in welcher Form, schriftlich oder vorgetragen oder beides, das Werk übergeben werden soll. Und wie lang es sein soll. Ein geplanter Eintrag in ein Gästebuch wäre natürlich bedeutend kürzer als die vorgetragene Huldigung an ein Geburtstagskind, wenngleich auch Letzteres den Gästen zuliebe nicht in epischer Länge geschehen sollte.

Habe ich eine ungefähre Vorstellung über Inhalt und Länge, dann überlege ich mir die Form der Versstruktur. Paarreim oder Kreuzreim oder eine andere Variation. Dies scheint sich manchmal zunächst von selbst zu ergeben, weil einem die ersten zwei, bzw. vier Zeilen schon im Kopf herumgehen, ja vielleicht sogar diese »Eingebung« überhaupt die Idee, einige Reime zu schmieden, aufgebracht hat.

Als Nächstes mache ich mir einige Notizen, was ich im Laufe des Gedichts zum Ausdruck bringen will. Welche Aspekte des Älterwerdens will ich ansprechen oder welche gemeinsamen Erlebnisse möchte ich darlegen?

An diese vorläufige Ideensammlung muss ich mich natürlich nicht sklavisch halten. Im Laufe des Reimens fallen mir möglicherweise noch andere Gesichtspunkte ein, oder ich muss feststellen, dass gewisse Begebenheiten nur sehr schwer oder nicht recht passend in eine Versstruktur zu pressen sind.

Nun beginne ich zu reimen, zu schreiben, zu streichen, neu zu schreiben, umzustellen, und schließlich zu überarbeiten, bis ich mit meinem Werk zufrieden bin. Manchmal rattern die Reime nur so runter, allerdings noch recht unrein. Bin ich in solcher Stimmung, lasse ich es meist laufen mit dem Gedanken, dass später noch viel Zeit zum Überarbeiten zur Verfügung steht. Ich schreibe lieber einen Vierzeiler fünfmal um, als dass ich stundenlang vor dem leeren Papier sitze in der Hoffnung, mir würde der eine, perfekte Vers einfallen. Manchmal aber fließen die Zeilen nicht so aus der Feder, sodass es hier durchaus auch hilfreich sein kann, sich zwischendurch vom Schreibtisch zu lösen, andere Dinge zu erledigen oder es schlicht einige Tage liegen zu lassen. Manchmal gehen einem gewisse Reime nicht mehr aus dem Kopf und man hat den Eindruck, dass sie schlicht den Platz für andere verwehren. Mir geht es zuweilen so, dass ich Stunden am Schreibtisch verbringe und an einem bestimmten Punkt einfach nicht weiterkomme. Dann kann es gut passieren, dass mir die Lösung zu meinem Problem einige Tage später »wie von selbst« einfällt, wenn ich gerade im Stau stehe, an der Supermarktkasse warte oder im Wartezimmer einer Ärztin sitze. Ich vergleiche dann mein Gehirn immer mit einem Computer, der ein Programm hat, das ihm erlaubt, gewisse Dinge »im Hintergrund« zu machen, ohne dass ich meine Arbeit am Bildschirm unterbrechen muss. Ja, oft plane ich bei meinem Reimeschmieden dies genau ein, indem ich gewollt Stoffsammlung, Erstentwurf, Nachbearbeitung und Fertigstellung zeitlich getrennt durchführe.

Wie Sie am besten zu guten Ergebnissen kommen, werden Sie leider selbst herausfinden müssen. Manche bleiben an ihrem Stuhl kleben, bis alles fertig ist, manche benötigen wie ich Ruhephasen beim Reimen. Bevor Sie nicht wissen, zu welchem Typ Sie gehören, bitte ich Sie nur, nicht zu früh aufzugeben und zu denken, Sie könnten es einfach nicht. Ich stelle immer wieder fest, dass in jeglichem strukturierten Umgang mit Sprache – sei es das Reimeschmieden, das Verfassen eines Zeitschriftenartikels oder das Schreiben einer Rede – fast alle Menschen zunächst davon ausgehen, sie müssten es aus dem Stegreif beherrschen. Dem liegt meist der Gedanke zugrunde, dass sie ja permanent die Sprache im alltäglichen Umgang verwenden. Nur, das ist leider ein Trugschluss. Nur weil man deutsch spricht, heißt das nicht, dass man die Anwendung der Sprache in allen Strukturen direkt beherrscht. Leider geben viele, die dann unerwartet auf Schwierigkeiten stoßen, zu früh auf. Und das ist schade. Bei kaum einer anderen Tätigkeit erwarten wir, dass wir ohne Umschweife das Medium beherrschen. Wenn Sie anfangen, Tennis zu spielen, was tun Sie da? Sie suchen sich einen Lehrer, lassen sich Zeit zu lernen, und genießen die erkennbaren Fortschritte. Keinesfalls erwarten Sie, dass sofort Spiel, Satz und Sieg an Sie geht. Auch beim Reimeschmieden verhält es sich so: Übung ist das Wichtigste. Georg Bernard Shaw drückte das Rezept für Erfolg so aus: »Erfolg beruht auf 95 % Fleiß und 5 % Talent«.

Die verschiedenen Phasen:
- Entschluss
- Sammlung der Ideen für den Inhalt
- Reimen
- evtl. Pause
- Weiterreimen
- evtl. Pause usw.
- 1. Entwurf
- Ändern/Verbessern (evtl. noch neue Ideen aufnehmen)
- 2. Entwurf
- Ändern/Verbessern (vor allem auf Reime und Versfuß achten) usw.
- Fertigstellung

In der Reimeschmiedewerkstatt

Anhand weniger Beispiele will ich Ihnen in diesem Kapitel zeigen, wie einige meiner Werke entstanden. Über die Darstellung der »zündenden« Idee, der ersten Versuche, der Irrwege, der notwendigen Überarbeitung können Sie die Entstehung der Verse nachvollziehen. Warum, werden Sie sich fragen, weiß sie eigentlich noch, wie sie den einen oder anderen Vers umgeschrieben hat, vor allem bei Reimen, die schon Jahre zurückliegen? Nun, ich bin, zum Leidwesen meines Mannes, eine unerbittliche Gegnerin des Wegwerfens und hebe Konzeptzettel und Ähnliches – in Ordnern gesammelt – ziemlich lange auf. Mittlerweile sitze ich zwar lieber am Computer als vor einem Blatt Papier, aber auch hier finde ich auf meiner Festplatte immer noch genügend Speicher für die Archivierung diverser Versuche. Es hat sich für mich immer wieder als nützlich erwiesen, dieses so zu tun. Denn immer, wenn ich wieder einmal für irgendeinen Anlass Reime suche und darüber nachdenke, wie ich es dieses Mal beginnen möchte, dann blättere ich gerne in besagten Ordnern oder in den Dateien, um Anregungen zu finden. Ich lese dann nicht alles sorgfältig durch, doch die Augen bleiben mal an diesem oder jenem Vers hängen. Zuweilen schmunzle ich und freue mich noch nachträglich über einen gelungenen Reim, manchmal runzle ich die Stirn und denke »Na ja«. Ich empfinde diese Einstimmung immer als motivierend, und dann setze ich mich auf meinem Stuhl zurecht und fange etwas Neues an.

Zum einjährigen Geburtstag den gestressten Eltern

Als vor einigen Jahren mein Neffe seinen ersten Geburtstag feierte, beschloss ich, zu dem Geschenk für ihn auch den damals ziemlich gestressten Eltern eine kleine Aufmunterung zu überbringen. Das Hauptthema bei allen Familienversammlungen waren damals die Schlaf- oder besser die Nichtschlafgewohnheiten des Sohnes. Damit war für meine Reime auch der Rahmen gegeben, ich wollte etwas über das Schlafen schreiben. Zunächst überlegte ich, aus allen zur Verfügung stehenden Ratgebern Ideen und Vorschläge für das anstehende Schlaftraining zu sammeln. Dies schien mir dann aber doch zu anmaßend, zudem genau das ja immer und immer wieder bei besagten Versammlungen durchgekaut wurde. Nein, ich wollte den beiden lediglich mitteilen, dass ich mich in ihre Lage hineinversetzen konnte. Warum also nicht die Reime so anlegen, dass ich ihnen den Text in den Mund lege. Nach etwas Überlegen beschloss ich, es als »Stoßgebet« zu titulieren.

Das Ende war klar, es soll mit einer Bitte nach einer durchgeschlafenen Nacht aufhören. Was wollte ich sonst noch in das Gedicht packen? Dankbarkeit für einen gesunden, lieben Sohn wäre passend. Mir fiel ein, dass beide immer wieder betonten, dass sie allmählich das Gefühl bekämen, vor der Geburt des Sohnes doch recht faul gewesen zu sein, und es sie immer wieder erstaunt, wie viel man nun – da die neuen Umstände es verlangen – nebenher erledigt, was man sich zuvor als Tagesaufgaben vorgenommen hatte.
Der Titel war schnell gefunden:

Ein Stoßgebet müder Eltern

Wie beginnt ein Gebet? Man ruft Gott an:

Ach, lieber Gott, wenn es dich gibt,
willst du uns mal erhören?
Ach, lieber Gott, wenn du uns liebst,
dann kannst du's uns nicht wehren.

Erhören – wehren ist ein unreiner Reim, aber wie ich finde durch die Kreuzreimstruktur vertretbar. Gibt – liebst, das reimt sich leider nicht, das muss korrigiert werden:

> Ach, lieber Gott, wenn es dich gibt,
> willst du uns mal erhören?
> Ach, lieber Gott, der alle liebt,
> du kannst es uns nicht wehren.

Nun soll zunächst die Freude über die Geburt beschrieben werden.

> Vor einem Jahr, da fing es an.
> Nach einer langen, harten Nacht
> kam Jakob, unser kleiner Mann,
> wir hab'n vor Glück gelacht.

In der zweiten Zeile sind zwei Silben zu viel, also weg mit dem Adjektiv »harten«. Die Silbenkürzung in der vierten Zeile klingt etwas ungeschickt. Was reimt sich noch auf Nacht? Wacht, Macht, Schlacht, dacht', gebracht. Natürlich wurde die Nacht durchwacht, aber der Vers soll ja die Freude und nicht die Mühe betonen.

> Wir freuten uns mit Macht.

Richtige Silbenzahl, es reimt sich auch, aber es klingt doch genau so wie es entstanden ist. Macht reimt sich eben auf Nacht.
Also noch einmal überlegen:

> Er hat uns Glück gebracht.

So soll es bleiben:

> Vor einem Jahr, da fing es an.
> Nach einer langen Nacht
> kam Jakob, unser kleiner Mann.
> Er hat uns Glück gebracht!

Nun soll die Erkenntnis beschrieben werden, dass man mittlerweile bedeutend mehr schafft, als vorher je angenommen. Schnell fallen mir einige Verse ein, die jedoch noch überprüft werden müssen.

> Es muss so öd gewesen sein,
> bevor der Jakob kam,
> da war'n wir ja noch ganz allein
> und, ehrlich, ziemlich lahm.

> Wir glauben nicht, wir nutzten recht
> die Tage aus, das heißt,
> die Effizienz war eher schlecht,
> wie du ja sicher weißt.

> Seit einem Jahr, da scheint es uns
> ein Tag ist nichts und nun
> lernen langsam wir die Kunst
> viel mehr als sonst zu tun.

Der mittlere Vierzeiler kann so bleiben, an den anderen beiden muss noch gearbeitet werden. Der erste klingt nun doch etwas salopp, wobei mir jedoch die Selbsterkenntnis »ziemlich lahm« gefällt. Die erste und die dritte Zeile müssen geändert werden. Statt der Verkürzung »war'n« könnte man auch das Wort »ganz«

weglassen, doch diese Korrektur rettet den Vers nicht wirklich. Zwar findet man – wie man sieht – mit »sein« schnell Reime, aber die Satzkonstruktionen wirken oft eher langweilig. Statt auf »noch allein« könnte die dritte Zeile auch auf »nur zu zweit« enden. »Trägheit« reimt sich wegen der Betonung nicht auf »zu zweit«, aber »Trägheit breit« schon. Nun ersetze ich noch das Wörtchen »und« mit »doch«:

> Es machte sich wohl Trägheit breit,
> bevor der Jakob kam.
> Da waren wir ja nur zu zweit,
> doch, ehrlich, ziemlich lahm.

Nun zu dem letzten Vierzeiler dieser drei. Leider, leider ist uns – Kunst kein Reim. Gunst, Dunst, Brunst wären welche. Doch gefällt mir das Reimpaar Gunst – Kunst wegen der doch ähnlichen Lautung nicht. Zu Dunst will mir keine Zeile, die Sinn macht, einfallen. Nun suche ich nach einem anderen Wort für Kunst, das mir hier weiterhelfen würde. Doch merke ich, dass ich auf »die Kunst« hier viel Wert lege. Also weiter nach Reimen suchen. Schließlich springt mir das Wort »verhunzt« in den Sinn. Zugegeben, es wäre kein ganz reiner Reim, aber doch besser als die Verbindung mit »uns«:

> Die Faulheit hatte uns verhunzt
> manch schönen Tag und nun
> erlernen langsam wir die Kunst
> viel mehr als sonst zu tun.

Haben Sie es bemerkt? Durch die Vorsilbe »er-lernen« konnte ich die noch fehlende Silbe in der dritten Zeile ergänzen. Dadurch stimmt auch der Versfuß, unbetont – betont, wieder.
Nachdem die Sprecher des Gedichts – passend zu dem Stichwort Gebet – ihre »Fehler« zugegeben haben und Besserung geloben, können sie nun ihre Bitte nach mehr Schlaf ausdrücken:

Das ist okay, das ist auch gut.
wir woll'n uns nicht beklagen,
doch fehlt uns jetzt ein alter Hut
voll Schlaf – den würden wir gern tragen.

Das ist der Bitte tiefster Grund,
die dies Gebet erfleht.
Wir reiben uns die Augen wund,
weil Schlaf uns so sehr fehlt.

Tja, so geht das, wenn man den Assoziationen freien Lauf lässt. Beim Nachdenken über Schlaf dachte ich an die Wendungen »eine Mütze voll Schlaf« und »das ist ein alter Hut«. Die Verbindung der beiden fand ich ganz originell. Ich weiß noch, dass ich an dieser Stelle die Arbeit unterbrechen musste, und als ich dann an den Schreibtisch zurückkehrte, fand ich – ganz abgesehen, dass die vierte Zeile viel zu lang ist – die Originalität eher gezwungen. Auch ist beim zweiten Vierzeiler dieser Gruppe die Paarung erfleht – fehlt gar kein Reim. Überhaupt scheint mir nun, dass der Inhalt der beiden Verse – Akzeptanz der eigenen »Besserung« und die Bitte nach mehr Schlaf – kürzer, nämlich in einen Vierzeiler gefasst, das Gesamtwerk prägnanter macht.

> Dies ist es nicht, was uns so quält.
> Veränderung tut gut.
> Es ist der Schlaf, der uns sehr fehlt.
> Drum mach uns wieder Mut!

Die ganze Zeit schon habe ich die Idee, dass das Stoßgebet mit der Bitte nach nur einer durchgeschlafenen Nacht enden soll. Bei Gebet denke ich an Wunder, bei Wunder an die sieben Weltwunder, auf »Nacht« reimt sich »Acht«, also schreibe ich – manchmal funktioniert das mit den Assoziationen eben doch ganz gut – nieder:

> Der Jakob schafft in unsrer Welt
> ein Licht, das uns erhellt.
> Doch eine durchgeschlafne Nacht –
> das wäre wirklich Wunder acht.

Haben Sie es gemerkt? Ich habe in der Versstruktur vom Kreuzreim zum Paarreim gewechselt. Auf diese Weise – so meine ich – erhält der Wunsch des Stoßgebets, nämlich die einmal durchgeschlafene Nacht, besonderes Gewicht. Die Kernaussage der Verse ist in den letzten zwei Zeilen zusammengefasst.

Beim Überlesen des gesamten Gedichts merke ich, dass der erste Vers in der Silbenzahl nicht mit den anderen übereinstimmt. Während alle anderen eine 8/6/8/6-Silbenfolge haben, zeigt der erste 8/7/8/7 auf, was jedoch durch die Änderung der Verben leicht zu beheben ist. Das ganze Gedicht lautet nun also so:

Ein Stoßgebet müder Eltern?

Ach, lieber Gott, wenn es dich gibt,
willst du uns mal erhör'n?
Ach, lieber Gott, der alle liebt,
du kannst es uns nicht wehr'n.

Vor einem Jahr, da fing es an.
Nach einer langen Nacht
kam Jakob, unser kleiner Mann.
Er hat uns Glück gebracht!

Es machte sich wohl Trägheit breit,
bevor der Jakob kam.
Da waren wir ja nur zu zweit,
doch, ehrlich, ziemlich lahm.

Wir glauben nicht, wir nutzten recht
die Tage aus, das heißt,
die Effizienz war eher schlecht,
wie du ja sicher weißt.

Die Faulheit hatte uns verhunzt
manch schönen Tag und nun
erlernen langsam wir die Kunst
viel mehr als sonst zu tun.

Dies ist es nicht, was uns so quält.
Veränderung tut gut.
Es ist der Schlaf, der uns sehr fehlt.
Drum mach uns wieder Mut!

> Der Jakob schafft in unsrer Welt
> ein Licht, das uns erhellt.
> Doch eine durchgeschlafne Nacht –
> das wäre wirklich Wunder acht!

Die jungen Eltern haben sich gefreut und der kleine Sohn hat pflichtgemäß kurze Zeit später das achte Weltwunder vollzogen.
Dies war ein verhältnismäßig kurzes Gedicht. Betrachten wir als Nächstes die Entwicklung eines größeren Werkes.

Würdigung der Berufslaufbahn

An diesem Beispiel soll das Augenmerk auf die vorbereitenden Überlegungen und die Planung eines doch recht umfangreichen Textes gelegt werden. Folgende Situation ist der Anlass des Gedichts: meine Mutter geht in Pension. Ein Anlass zum Feiern, gewiss, und da das in unserer Familie so üblich ist, auch ein Anlass zum Reimen. Ob in größerem Rahmen oder im Familienkreis, meine Mutter erwartet – mit Recht – ein »Programm«, ein umgedichtetes Lied, einen Sketch, einen vorzugsweise gereimten Vortrag. Letzteres soll es sein, beschließe ich, also denke ich weiter nach. Da der Anlass ihre Pensionierung vom Schuldienst ist, möchte ich über ihre Laufbahn berichten.
- Aushilfslehrerin für Religion; Studium an einer Pädagogischen Hochschule, 1. Staatsexamen, Referendariat, 2. Staatsexamen, Verbeamtung, Bewerbung um Konrektorinnenstelle, Schulleiterin.

Sie stieg spät in das Studium ein, sodass ich sowohl
die Zeit ihres Studiums als auch Referendariat und spätere Einstellung als Kind »miterlebt« habe. Es liegt
daher nahe, nicht nur eine Chronik ihres Berufslebens
aufzuzeigen, sondern dies auch mit eigenen – uns verbindenden – Erlebnissen zu belegen:

■ Wie ich mit ihr die PH erlebte, die Zeit der Prüfungen, meine Mutter als meine Klassenlehrerin, das
2. Staatsexamen, die Ernennung zur Schulleiterin

Ich merke, dass meine Schwestern eigene Erfahrungen
mit der Mutter als Lehrerin haben; auch mein Vater hat
natürlich an ihrem Studium und Berufsleben Anteil
genommen und so reift die Idee, den Vortrag so anzulegen, dass verschiedene Personen ihre spezielle Sichtweise der Dinge vortragen sollten. Es sollen einzelne
Monologe werden, die zusammengefügt das Ganze
ergeben. Nein, vielleicht doch nicht ganz in sich abgeschlossene Passagen, sondern chronologisch sortiert.
Das macht sich als Vortrag gar nicht schlecht, wenn
alle Unterschiedliches und abwechselnd zu berichten
haben. Ganz besonders zum Ausdruck kommen soll
unser Respekt vor ihrer Leistung und ihrem außergewöhnlichen Engagement, wobei dieses durchaus auch
mit etwas Humor geschehen soll. Allerdings merke
ich, dass das tatsächlich ein abendfüllendes Programm
ergeben würde, wollte ich alle möglichen Facetten aufzeigen. Da ich am liebsten in Vierzeilern mit Kreuzreimstruktur reime, wähle ich diese Form. Nun überlege ich mir, wie viele solcher Verse angemessen sind,

und erstelle einen »Fahrplan«, wobei jeder Punkt für
einen Vierzeiler und dessen Inhalt stehen soll:

1. Einleitung, Benennung des Anlasses
2. Erklärung, dass nun die Laufbahn von den verschiedenen Familienmitgliedern erzählt werden soll.
3. Beginn des Studiums
4. Sie als meine Klassenlehrerin
5. Meine ältere Schwester berichtet von der gemeinsamen Fahrt in Vorbereitung der Examensarbeit
6. 1. Staatsexamen; mein Vater spricht von seiner »Zuarbeit«
7. Referendariat
8. 2. Staatsexamen
9. Entschluss zur Konrektorenstelle
10. Ernennung zur Schulleiterin
11. Ihr Engagement
12. Das Familienleben ist geprägt durch die Schule, die »lästige« Seite
13. Die positive Seite
14. Die Ferien
15. Die Frage, wie sie sich ein Leben ohne Schule vorstellt, da sie ja fast ihr ganzes Leben entweder Schülerin oder Lehrerin war.
16. Schule des Lebens hört nicht auf
17. Glückwünsche zur Pensionierung

Den Wechsel der Sprecherinnen und Sprecher ersehen Sie aus den Abkürzungen V für Vater und T1, T2, T3 für die drei Töchter. Besonders schwierig ist die Einbettung – oder Umgehung – der dem Anlass entsprechenden mehrsilbigen Begriffe wie Lehrerin, Schulleiterin, Ernennung, Referendarin; hinzu kommt, dass sich das Beschriebene in der Vergangenheit begab, und Vergangenheitsformen benötigen immer so furchtbar viele Silben. Wollte ich hier die Irrwege, Neuanfänge und Umstrukturierungen aufzeigen, dann müssten Sie auf einen gehörigen Teil des Reimlexikons verzichten. Glauben Sie mir, es war schwierig.

Der frisch gebackenen Pensionärin gewidmet

T3 Fanfaren rufen laut es aus,
es geht ein Ruck durch die Nation.
Die Welt hört es mit Donnerbraus:
Die Mutter ist nun in Pension!

T3 Erinnern wir uns, wie es war,
wie nahm die Laufbahn ihren Gang.
Ein jeder hat 'nen Kommentar,
der eine kurz, der andre lang.

V Beim dritten Kind erkanntest du,
dass dein Gehirn etwas vermisst,
mir sagtest du in aller Ruh,
dass du nun eingeschrieben bist.

T2 Ich kam schon früh in den Genuss
der mütterlichen Lehrerin.
Du warst fürwahr kein Zerberus,
doch schwänzen war für mich nicht drin.

T1 Ich geb es zu, ich fand's famos
   mit dir auf Forschungsfahrt zu gehn.
   da fühlte ich, ich war schon groß,
   obwohl doch grade erst mal zehn.

V Du meistertest dein Studium
   samt Job und Kids mit viel Bravour,
   schriebst abends im Refugium
   die Schlussarbeit, ich Korrektur

T2 Als Ref'rendarin hat man's schwer
   die Zeit ist kurz, man ist gestresst.
   Die Vorführstunden mussten her,
   wir gaben dir den Schülertest.

T2 Es war vollbracht: Examen II.
   Nun ist sie richtig Lehrerin.
   Der Schüler Ruhe war vorbei,
   für hess'sche Schulen ein Gewinn.

V Wer ruht, der rostet, sagtest du
   und schlugst die Leitungs-Laufbahn ein.
   Vorbei war's wieder mit der Ruh,
   Du wolltest Konrektorin sein.

T3 Der Sprung zur Spitze folgte schnell.
   Im Festakt wurdest du ernannt
   zur Leiterin. Wir war'n zur Stell,
   so wurd' die Schule uns bekannt.

In der Reimeschmiedewerkstatt

T1 Dein Engagement war riesengroß,
    denn halbe Sachen magst du nicht.
    Frühmorgens ging dein Tag schon los,
    so wichtig war dir deine Pflicht.

T3 Für uns gab's kaum ein Abendbrot,
    an dem ein Klingeln nicht gehört
    Die Eltern, Lehrer war'n in Not,
    das Telefon hat oft gestört.

T2 Doch störend war es für uns nicht,
    zu helfen bei so manchem Fest.
    Ob Spielidee, ob ein Gedicht,
    ob Weihnachtsbaum, ob Osternest.

T3 Trotz aller Liebe zu der Arbeit
    erfreutest du dich jedes Mal
    am Gläschen Sekt, das stand bereit
    als Ferienanfangsritual.

T1 Nun fragen wir, was wird das geben,
    schlägt deine Seele jetzt Tumult.
    Die Schule prägte ja dein Leben
    mal in der Bank, mal an dem Pult.

V   Doch hör'n wir, was der Weise spricht:
    Willst du die Weisheit mehren?
    Die Schul' des Lebens endet nicht,
    denn du wirst weiter lernen, lehren.

T3 Fanfaren rufen laut es aus,
    Die Mutter ist nun in Pension!
    Donnernd dröhnt dir der Applaus.
    Genieß die Zeit. Das ist dein Lohn.

Das berühmte Gästebuch

Das Gästebuch – Leid oder Freud. Es gibt unsagbar viele Verse, die über das Leid vor dem Gästebuch berichten und die auch immer wieder gerne zitiert werden. Sie sollen in keinem Gästebuch fehlen, sind meist recht humorig und doch ein Beleg, dass der- oder diejenige sich bemüht hat. Es ist schon merkwürdig. Ich kenne niemanden, der sich als Gast auf das Gästebuch wirklich freut – zumindest nicht im Hinblick auf den erwarteten eigenen Eintrag. Aber kaum einer kann sich dem Charme eines solchen Buches entziehen. Ausnahmslos jeder blättert es doch mit Hingabe durch, erinnert sich dadurch an andere gemeinsame Feste oder amüsiert sich über die Werke anderer. Seien Sie also fair und tun Sie Ihren Gastgebern den Gefallen. Sollten Sie mal ausnahmsweise wirklich keinen einzigen Reim in Ihrem Kopf finden – was mich wundern würde, denn schließlich haben Sie als Leser oder Leserin dieses Buches eine gewisse Begeisterungsfähigkeit fürs Reimen in sich entdeckt, dann schreiben Sie wenigstens ein »Vielen Dank« und Ihren Namen hinein.
Wie ansteckend das Reimen jedoch sein kann, zeigt folgende Geschichte. Ich saß neulich wieder vor einem solchen Buch. Nicht immer kann ich mich

In der Reimeschmiedewerkstatt

gegen meine Familie wehren, die der Meinung ist, das Reimen sei ausschließlich meine Sache und sie würden dann gerne ihren Namen darunter setzen. Ich lasse sie beileibe nicht immer damit durchkommen, denn ich finde, Gästebücher sollten nicht nur von einem Gast gestaltet werden. Aber nun war es wieder soweit, ich hatte das Gefühl, wenn ich nichts hineinschreibe, dann bleibt die Seite leer, und das wollte ich der Gastgeberin nicht zumuten. Nun war ich aber gar nicht so sehr in der Stimmung, über das köstliche Essen oder die gelungenen Geschenke für das Geburtstagskind oder gar über das Wetter zu schreiben. Und da ich der Meinung war, dass die diversen Anwesenden, die das einfach an mich delegierten, nicht so leicht davonkommen sollten, beschloss ich, eine Momentaufnahme zu machen: in Zweizeilern möglichst jeden der Gäste zu beschreiben und so die Stimmung wiederzugeben. Einige dieser Verse habe ich Ihnen herausgesucht. Zunächst suchte ich nach einer Einleitung, die den Anlass, den 30. Geburtstag meiner Schwägerin, benennen sollte.

Fürs Gästebuch soll ich jetzt dichten
und von diesem Fest berichten.

Zum Dreißigsten von der Sabine
erschienen heut mit froher Miene:

Die Eltern sind zuerst zu nennen
da diese sie am längsten kennen.

Neben der jüng'ren süßen Schwester
ist wohl der Bruder Bines Bester.

Wohl klar, dass auch nicht fehlen kann
der Göttergatten-Ehemann.

Wer lacht da laut? Es ist Susanne
dort hinter Binchens Zimmertanne.

Die Schwiegereltern kauen munter
gerade den Salat herunter.

Ein Blick hinüber zum Buffet.
dort schäkert Ulf mit Desiree.

Im Laufe dieses Werkes starrte ich natürlich immer mal wieder einige Gäste offensichtlich an, um dann mit leisem Lächeln etwas niederzuschreiben. Siehe da, es machte zunächst die meisten nervös und dann neugierig. Sie wollten nun doch wissen, was ich da schrieb. Flugs entspann sich eine größere Diskussion, der sich immer mehr anschlossen. Reimen ist ansteckend, das werden Sie auch schon bemerkt haben. Ich war noch lange nicht mit allen Gästen »durch«, da steuerten andere ihre Ideen bei. Ich schrieb vieles nur noch mit. Interessant, selbst meine Familie, die zuvor das Gästebuch noch »großzügig« an mich delegiert hatte, war Feuer und Flamme. Diese Seite wurde schließlich zu einem Gemeinschaftswerk und zu einer der schönsten Seiten des Gästebuches, da es die fröhliche Stimmung wirklich gut wiedergab.

In der Reimeschmiedewerkstatt

Einige Tipps noch zum Gästebuch

Natürlich möchte man immer etwas Originelles schaffen, etwas neu umschreiben, in der eigenen Art reimen. Dennoch kann es immer wieder hilfreich sein, wenn man einige Reime – nennen wir sie Standard-Reime – präsent hat. Gerade beim Reimen für das Gästebuch, das in aller Regel unter Zeitdruck geschieht und zudem einer gewissen Ablenkung ausgesetzt ist, erweisen sich Standard-Reime als sinnvoll:

Gast	Rast	
Gäste	Feste	Beste
Abend	labend	
schön	wiedersehn	
gefiel	Ziel	
genossen	verflossen	
aufgenommen	willkommen	
vor allen Dingen	verbringen	
belohnt	gewohnt	
munden	Stunden	
Genuss	muss	Schluss
es gebühr	Dank dafür	
schöne Tage	Danke sage	

Sehr von Nutzen ist es, wenn man einige Einleitungsverse parat hat. Oftmals erleichtern sie den Einstieg in das Gedicht, man erklärt dann im Folgenden, was man speziell an diesem Anlass gelungen fand.

Ich sitze hier vorm Gästebuch
wo ich nach Vers und Reimen such'.

Fürs Gästebuch soll ich jetzt dichten
und von diesem Fest berichten.

Vorab sei hier ganz schnell erklärt,
Ihr habt ein schönes Fest beschert ...

Genauso kann ein passender Abschluss vorher überlegt sein, ja selbst wenn bei wiederkehrenden Besuchen und Aufforderungen, für das Gästebuch zu schreiben, sich diese wiederholen, kann es allen im Buch verewigten Reimen eine gemeinsame Note geben. Das funktioniert schon mit dem berühmten Ende »Und die Moral von der Geschicht ...«

So schließe ich, sag danke schön,
und freu mich auf ein Wiedersehn.

Wir danken für das schöne Fest
wir kommen gern als eure Gäst'.

Ich schrieb in Kürze hier im Reim,
wie es war. Jetzt geh ich heim.

Natürlich geben diese Beispiele sowohl den Versfuß als auch die Reimstruktur vor. Paarreime sind nun einmal die kleinste Verseinheit. Gar zu oft möchte man sich auch nicht wiederholen. Aber ein schon fertiger Zweizeiler zu Beginn und einer für das Ende erleichtern das Reimen unter Zeitdruck sehr. Sie müssen dann dazwischen »nur« noch in 4, oder 6 oder 8 Zeilen die Besonderheiten des aktuellen Anlasses darlegen. Um dem Zeitdruck beim Reimen speziell beim Gästebuch zu entkommen, bieten Gäste gerne an, sich zu Hause ein schönes Gedicht zu überlegen, und dieses dann zum Einkleben zuzuschicken. Das ist eine nette Idee und zweifelsohne gibt es genug Zeitgenossen, die solche Versprechungen auch tatsächlich einlösen. Prüfen Sie sich, ob Sie dazugehören, oder ob Sie sich nicht eher von der Hektik des Alltags einfangen lassen und solche Vorsätze schlicht vergessen. Auch möchte ich gerne zu bedenken geben, dass zwar in der Not des vor dem Gästebuchsitzens man diesen Ausweg manchmal suchen möchte. Aber ist es nicht doch leichter, über ein Fest oder einen Anlass zu berichten, wenn man mittendrin ist, die Stimmung und die besondere Atmosphäre fühlt?

Bei Gelegenheit gereimt

Im weiteren Verlauf folgen noch andere Beispiele, deren Entstehung kurz beschrieben und die etwaigen Besonderheiten kommentiert werden. Ich hoffe, Sie werden für Ihre eigenen Vorhaben hier einige Anregungen und Ideen finden.

Geburtstagsfeiern

Zu Geburtstagen wird sehr oft gereimt, sei es, dass man seine Einladung in Versen gestaltet, einen Glückwunsch überbringt oder reimend die Überreichung eines Geschenkes begleitet.

Einladungen gereimt

Die Vorbereitungen für ein großes Fest beginnen. Man entscheidet, in welchem Umfang es gefeiert werden soll, und erstellt eine Gästeliste. Spätestens dann sinnt man über die Einladung nach, mit der man – meist schriftlich – auf das kommende Fest einstimmen will. Besitzen Sie ein Gästebuch, in das Ihre Gäste tunlichst in Versen schreiben sollen, dann wäre es nur fair, wenn Sie sie ebenfalls gereimt zu sich laden. In Ihrem Werk können Sie über den Anlass sinnieren, den Rahmen des künftigen Festes – Grillfest oder Cocktailparty – beschreiben, oder schlicht alle benötigten Daten unterbringen, wie wir es zum 60. Geburtstag meines Vaters taten.

> 60 Jahre und ein bisschen weiß,
> ein neu' Jahrzehnt fängt an.
> Drum feiern wir in unsrem Kreis,
> am 7.10. kommt Ihr dann.
> Um acht beginnt's nach altem Brauch.
> Ich bin da, ich hoff', Ihr auch!
>
> PS: Und solltet auch nicht ganz
>   vergessen,
> es gibt zu trinken und zu essen.

Schon Wochen vor meinem dreißigsten Geburtstag sprachen mich immer wieder Freunde an, dass das doch ein grausamer Geburtstag sei, da man nun wohl endgültig von der Jugend Abschied nehmen müsste. Mich irritierte das eigentlich eher, da ich schon einige Jahre der Meinung und Erwartung war, dass das kommende Lebensjahrzehnt ein fantastisches werden sollte. Ich wusste, dass ich mich mit der berühmten »3 davor« sehr wohl fühlen würde. All diese Diskussionen nahm ich zum Anlass, in diesem Jahr meine Einladungskarte wieder einmal reimend zu gestalten und dort ein für allemal meine Meinung zum Thema »Abschied von der Jugenzeit« zu verkünden.

> Hurra, hurra, ich find es toll,
> die dreißig Jahre sind jetzt voll.
> Den Zwanzigern schon überdrüssig
> war ich, darum ist es schlüssig,
> für mich den Tag groß zu begehn
> Es wäre schön, euch dann zu sehn.
>
> Das Fest beginnt im Monat Mai
> am zehnten Tag, so gegen drei.
> Zum Grillen lad ich in den Wald,
> bringt Pullis mit, vielleicht wird's kalt.
> Zum Schluss bitt' ich, ruft mich doch an,
> ob Ihr könnt kommen. Ciao, bis dann!

Glückwunsch in Versen

Gerne werden zu Anlässen Lebensrückblicke reimend verfasst, wie im vorigen Kapitel beispielhaft gezeigt wurde. Aber auch kleinere Werke, Glückwunschverse, erfreuen den Adressaten. Ob bei der Überreichung eines blumigen Grußes oder als Schluss eines Toastes, Verse verleihen jedem Ereignis den gebührenden festlichen Rahmen.

Blumiger Gruß

Ich komme heut als Gratulant
mit einer Rose in der Hand.
Viel Glück möcht ich dir sagen
für alle Lebenslagen.
Drum bleib gesund und heiter
und leb wie bisher weiter.

Ein Toast

Man kann es drehen wie man mag,
Geburtstag ist ein Ehrentag.
Den Jubilar lässt hoch man leben,
mag Gott ihm viele Jahre geben.
Gesundheit, Glück soll'n dich begleiten
in hoffentlich nur guten Zeiten.
Solch liebe Wünsche kommen an
weil man sie gut gebrauchen kann.

Reimend geschenkt

Gemeinschaftsgeschenke sind oft sehr sinnvoll. Jeder steuert etwas bei und man kann einen etwas teureren Herzenswunsch des Geburtstagskindes erfüllen. Leider muss dann der Beschenkte aber auf das Auspacken vieler kleiner Geschenke verzichten – und auch Erwachsene genießen die Spannung, die damit verbunden ist. Ein kleines Gedicht, das vorgetragen und auf der von allen unterschriebenen Karte verewigt wird, kann da ein nettes »Trostpflaster« sein. Als wir einem Freund vor Jahren ein zu seiner Fotoausrüstung so dringend benötigtes Blitzgerät schenkten, gehörten zu der feierlichen Überreichung auch diese Verse. Die ersten beiden Strophen haben die Reimstruktur a/a/b/a/b/b bzw. c/c/d/c/d/d, wobei die jeweils dritten Zeilen bis auf das letzte Wort identisch sind, das bringt die parallele Struktur noch stärker zum Ausdruck. Den Abschluss bildet ein Vierzeiler mit zwei Paarreimen:

Gewitzt geblitzt

Die Wirklichkeit schön abzulichten
mit Blende, Zeit was zuzudichten –
das ist des Fotografen Freud.
Muss er sich nach der Sonne richten
wird das Spiel mit Helligkeit
und Licht – zum Leid.

Bei Gelegenheit gereimt

Denn ist die Sonne weggegangen
muss er um die Bilder bangen.
Das ist des Fotografen Qual.
Es sei denn, er kann Licht einfangen
und blitzen frei nach eigner Wahl
und (nicht Leid) Leitzahl.

So kannst du nun nach freiem Willen
deine Lust am Knipsen stillen,
auch wenn es dunkelt sukzessive.
Wir wünschen Freude. Die Motive.

Bekanntes Lied, doch neuer Text

Zu dem 65. Geburtstag meines Vaters wurde ebenfalls ein Gemeinschaftsgeschenk ausgesucht. Viele Freunde, die er einlud, fragten natürlich bei seiner Familie nach, mit was sie ihn erfreuen könnten, und die meisten machten gerne bei unserer Idee mit. Eines der größten Hobbys meines Vaters sind Eisenbahnen, ob groß, ob klein. Seit Jahren hatte er vor, seine Modelleisenbahn einmal wieder aufzubauen, was aber immer an seiner Berufstätigkeit und anderen Verpflichtungen scheiterte. Nun aber, wussten wir, hatte er es ernsthaft vor, und so lag es nahe, ihm einen der damals neuesten Züge gewissermaßen als letzte Aufmunterung zur Tat zu schenken. Als Rahmen für die Überreichung des Geschenkes hatten wir uns allerlei ausgedacht. Ein alter Reisekoffer wurde gepackt, in dem neben dem »richtigen« Geschenk noch allerhand Kleinkram zur Dekorierung des zukünftigen Eisenbahnzimmers steckte. Die Geräusche von fahrenden Zügen kamen von einer Schallplatte zur Vertonung von Filmen. Ein pensionierter Eisenbahner aus der Familie lieferte die Uniform, und so spielte ich die Schaffnerin, die außerdem noch den lieben Mitreisenden, sprich den Gästen, einige Anekdoten aus dem Leben meines Vaters erzählte. Ein richtig großer Bahnhof also. Der Höhepunkt der feierlichen Überreichung bildete ein von allen mitgesungenes Lied passend zum Thema. Sie können es sich wahrscheinlich schon denken, zu diesem Zwecke dichtete ich das bekannte Lied »Auf der schwäb'schen Eisebahne« um. Wenn Sie begeisterte Sängerinnen und Sänger in der Familie oder im Freundeskreis haben und Ihnen vor dem Reimeschmieden immer noch ein wenig bang ist, dann ist das Umdichten bekannter Volkslieder der beste Weg, mit dem Reimen anzufangen. Der Versfuß, die Versstruktur, die Zeilenlänge, alles ist schon vorgegeben und muss nur noch mit neuen Wörtern gefüllt werden. Wenn Sie ein Lied umdichten, das dann von der gesamten Gästeschar gesungen werden soll, müssen Sie großen Wert auf den richtigen Rhythmus legen, sonst kommt der Chor ins Holpern. Schreiben Sie das Lied jedoch, um es alleine oder in einer kleinen Gruppe, die zuvor noch üben kann, vorzutragen, dann können Sie eventuelle »Holpersteine« beim Singen überspielen. Nicht selten gibt es auch bei den Volksliedern im Original solche Stellen. Unser neues altes Lied klang nun so:

Auf der Gerd'schen Eisebahne

In der Gerd'schen Lebensbahne
gibt's gar viele Bahnstatione;
ob Modell, ob echt in groß –
die Eisenbahn lässt ihn nicht los.

Will man mit ihm auf die Reise,
g'schiehts in ganz besondrer Weise:
Ganz gleich, wo der Urlaub sei,
's ist doch meist ein Zug dabei.

In der Schweiz warn wir beim Wandern
Berg zu Berg wie alle andern.
Doch er sagt, wir müssen noch
im Bähnle auf das Jungfraujoch.

Auf Fanö am Strand am Meere
sann er nach wie schön es wäre,
hier in einem Zug zu sein.
Doch die Insel war zu klein.

Los ging seiner Augen Suche
in dem dän'schen Reisebuche,
und Hurra als er sie fand
die Eisenbahn im Legoland.

Unser Gerd ist nicht so heilig;
Kirchgang war ihm nie recht eilig.
Die Frau, die wollt zum Petersdom;
er sagt, was soll ich in Rom.

Doch dann ist es eingetreten
eine Woche Rom mit Beten;
er fuhr mit, ganz ohne Lug,
denn es war ein Pilger-Zug.

Ein andres Mal beschenkt er weise
seine Frau mit einer Reise.
Als Programm bot er komplett
für die Cats er Karten hätt.

Wo denkt Ihr spielte dieselbe
Klar – in Hamburg an der Elbe.
An Zufall glaub, wer glauben will,
ein ICE bracht' sie zum Ziel.

Wenn man mit ihm reisen möchte,
sieht er stets nur nach dem Rechte.
Ist er weg, weiß seine Frau,
er liest den Fahrplan ganz genau.

Darum weiß er noch nach Jahren,
wann wohin die Züge fahren;
ob D-Zug oder S-Bahn gar,
ob München, Stuttgart – alles klar.

Alle Lieder müssen enden,
wir uns deshalb an dich wenden:
Bleib gesund und Glück zuhauf –
und bau jetzt deine Anlag auf!

Bei Gelegenheit gereimt

Hochzeitsverse

Zu kaum einem Anlass wird so gerne gereimt wie zu Hochzeitsfeiern. Sei es, eine Hochzeitszeitung zu gestalten, dem Brautpaar ein Ständchen zu bringen oder gereimt Glück zu wünschen. Bei dem nachfolgenden Werk manövrierte ich mich reimend in eine Sackgasse. Nachdem ich die erste Fassung fertig hatte, musste ich feststellen, dass ich im Laufe des Gedichts das Subjekt von »das Pärchen« zu »sie« (sie wollten dort vom Staat den Segen) wechselte. Solches sollte man vermeiden, also schrieb ich es noch einmal um. Die ersten acht Zeilen beschreiben nun die Situation, während die letzten beiden Zeilen das Paar direkt ansprechen:

Meisterstück

Wenn ein Pärchen heiß verliebt
sich zum Standesamt begibt.
Dann will es von dem Staat den Segen,
nicht mit Beamten Umgang pflegen
Um einem Schwindel vorzubeugen,
sagt es »ja« nur vor zwei Zeugen.
Dieses Pärchen lud uns ein,
denn Heirat will gefeiert sein.
Das »Ja« war euer Meisterstück!
Wir alle wünschen euch viel Glück

Sehr beliebt bei Hochzeitsfeiern sind auch Ratschläge für die Zukunft oder die Frage nach dem Nachwuchs:

Ein Rat zur Güte

Die Trauung wurde nun vollzogen.
Ihr seid ein echtes Ehepaar.
Nun glätten sich die wilden Wogen
der Diskussionen jedes Jahr.

Ihr seid auch wirklich späte Zünder.
10 Jahre schon seid ihr zu zweit.
Da hätten andre längst 5 Kinder
nach einer solchen langen Zeit.

Nun aber dürft ihr nicht mehr warten.
Es tickt die Uhr, die Zeit verrinnt,
mit banger Hoffnung lang schon harrten
die Eltern auf ein Enkelkind.

Ja, so ein Brautpaar muss sehr leiden
Ich wett', das habt ihr nicht gewollt,
dass alle weiterhin euch beiden
verkünden, was ihr machen sollt.

So hört nun diesen Rat zur Güte,
dann werd ich meinen Reim beschließen
auch wenn ich gerne Kinder hüte
Die Ehe sollt ihr ruhig genießen.

Oft geht es bei Hochzeitsgedichten darum, Episoden aus dem Leben der zwei Hauptpersonen zum Besten zu geben. Solche Verse sind immer sehr speziell und eher schwer auf andere zu übertragen. Zur Hochzeit meiner Cousine wählten wir einen anderen Weg, der aber dennoch – wie kann es anders sein – mit Reimen endete. Wir sammelten zusammen mit den Eltern erwähnenswerte Anekdoten, vorzugsweise solche, die Parallelen zwischen den Erfahrungen von Braut und Bräutigam aufzeigten. Dann suchten wir jene Erlebnisse aus, die durch einen Gegenstand gut repräsentiert werden konnten. Eine Badeente für die Wasserratte, eine Packung Heftpflaster für den Draufgänger, eine Eintrittskarte der ehemals liebsten Disko usw. Alle diese Dinge wurden in einen schönen Korb gepackt und beim Vortrag der Anekdoten eins ums andere herausgeholt. Übrig blieb zum Schluss der leere Korb, der mit folgenden Versen überreicht wurde:

Ein Korb voll Erinnerungen

Das waren die Erinnerungen
die uns in den Ohr'n geklungen
Und nun ist es endlich wahr.
Heute seid ihr zwei ein Paar.

Hört ihr beiden, lasst Euch sagen
diesen Korb, den wir hier tragen,
ist noch leer, doch ihr seid jung
nun füllt ihn mit Erinnerung.

Meint ihr vielleicht, er sei zu groß,
wie können wir ihn füllen bloß?
Da seid nicht bange, brecht den Bann
und fangt doch gleich zu füllen an.

Dieser Vortrag kam beim Brautpaar gut an und der Korb dient heute als Sammelbehälter für Fotos, Kinokarten, besondere Postkarten usw, die darauf warten, ins zuständige Album geklebt zu werden.

Vermischtes

Zuweilen reime ich ganz ohne offiziellen Anlass. Da kann es geschehen, dass mich etwas im Alltagsleben sehr beschäftigt, mich begeistert oder auch sehr stört. Das folgende Werk entstand, als ich wieder einmal im Rahmen meines Studiums am Schreibtisch saß und feststellte, dass ich auf diesem Tisch gar keinen Platz hatte. Ich musste mich für meine derzeitige Aufgabe auf einen ca. A3-großen Raum beschränken und das störte mich. Dabei ertappte ich mich, dass ich darüber nachsann, mir einen noch größeren Schreibtisch anzuschaffen. Ich blickte umher, erkannte, dass mein Tisch schon ungefähr ein Viertel meines zugegebenermaßen kleinen Studentinnenzimmers einnahm und keinesfalls größer sein sollte. Ich ließ flugs das Lernen für den Moment sein, schnappte mir ein Stück Papier und packte meine Gedanken zu dieser »Selbsterkenntnis« in Verse. Jahrelang hingen dann diese Zeilen an der Pinwand über meinem Schreibtisch als geschmunzelte Mahnung.

Bei Gelegenheit gereimt

Über meinen Schreibtisch und mich
(oder: Die Läuterung)

Ein Schreibtisch ist ein Gegenstand,
den ein kluger Kopf erfand.
Einst hatt' ich einen, der war fein,
doch später wurde er zu klein.
Ich konnte gar nichts mehr dran schreiben,
weil alle Sachen liegen bleiben.
Ich dachte hin und dachte mir,
kauf doch 'nen größren Schreibtisch dir.
Fand einen, der war groß und breit,
versprach mir Platz für lange Zeit.
Doch bald, o Schreck und auch o Graus,
reichte dieser nicht mehr aus.

Ich wurde wütend, schrie ihn an:
»Du bist zu klein, o Mannomann!!«
Da sagte er: »Nein, du bist dran:
Willst du Platz, darfst's nicht versäumen,
mich ab und zu mal abzuräumen.«

Ich ging in mich und sah dort ein,
zu klein kann kaum ein Schreibtisch sein.
Erscheint er's doch, denk ich verschmitzt,
trifft Schuld nur die, die vor ihm sitzt.

Österliches

Bei einem Familienosterfest wurde ich zu folgenden Versen »inspiriert«. Nun klebt das Werk in den diversen Fotoalben. Es trägt den Titel »Was macht froh?«.

Ein kleines Mädchen mit viel Feuer
erlebt ein Osterabenteuer.
Es sieht ein Häschen dort im Grünen
von der Sonne leicht beschienen.
»Ach, Mutti, leg es mir ins Bett,
das Häschen essen wär' nicht nett.«
Da sagt das Häschen »Das ist fein.«
Und beide schlafen fröhlich ein.

Ein Bübchen geht zur Osterfeier
und sucht begeistert bunte Eier.
Er findet auch ein kleines Häschen
und kräuselt fröhlich dann sein Näschen.
»Das Häschen pack ich sofort aus,
das wird ein leckrer Osterschmaus.«
Da seufzt ganz sanft das Häselein
»Das sollte wohl mein Schicksal sein.«

Es waren beide Kinder froh,
die eine so, der andre so.

Jahreszeitliches

Für einen Kalender dachte ich mir für die Jahreszeiten passend folgende Verse aus, die jeweils zum Jahreszeitenwechsel auf den Monatsblättern standen. Deshalb war es auch nicht notwendig, dass alle vier Verse die gleiche Struktur hatten.

Frühling

Wieder Frühlingsluft genießen,
schauen wie die Blätter sprießen,
Maienglöckchen läuten leise,
Vögel singen ihre Weise.
Winter muss nun schlafen gehn
Leben ist so wunderschön.

Sommer

Wenn die Sommersonne scheint,
sind die Menschen froh vereint,
sich bei ihren Gartenfesten
grillend ihren Bauch zu mästen.
Denn bei Essen, Bier und Wein,
lässt es sich sehr fröhlich sein.
Sportlich muss man dann trainiern,
um die Pfunde zu verliern.
Inline-skaten, radeln, rennen
können Kalorien verbrennen.
Sommer hat halt so zwei Seiten,
beide viel Genuss bereiten.

Fröhlich kann man mittags schwitzen,
Abends froh beisammensitzen.

Herbst

Fallen Blätter sanft zu Erden,
Tage langsam kürzer werden,
zieht der Herbst durch Wald und Feld,
wird die Ernte froh bestellt.
Feiern heute frei und frank
wir das Fest zum Erntedank.

Winter

In Schneeballschlacht, im Schneemann bau'n,
sich auf Skiern abwärts trau'n,
im Schlitten oder Schlittschuh fahr'n,
tut sich die Freude offenbar'n.
So lieben wir den Winter sehr –
Wo kriegen wir den Schnee bloß her?

Nun sind Sie dran

Sie haben, so hoffe ich, in den ersten Kapiteln einiges über reine und unreine Reime, Zeilen- und Versstruktur und den Rhythmus gelernt. Ich habe Ihnen anvertraut, wie ich beim Reimen vorgehe, die Entstehungsgeschichte verschiedener Werke samt Irrwegen, Änderungen und Neudichtungen beschrieben und schließlich für verschiedene Anlässe einige Beispiele aufgeführt. Nun sind Sie dran. Keine Ausrede wie »Das kann ich doch nicht« gilt mehr. Setzen Sie sich hin, den Stift in der Hand oder die Hände auf der Tastatur, und beginnen Sie. Lassen Sie sich auf die Freude ein, die man bei gelungenen Versen empfindet, und genießen Sie die Freude derjenigen, die Sie mit Ihren Werken beglücken werden. Für den Fall, dass Sie einmal nicht weiterkommen, soll Ihnen das nachstehende Reimlexikon behilflich sein.

Das Reimlexikon

So ein Reimlexikon ist wundervoll. Es kommt immer wieder vor, dass man händeringend – oder besser die Stirne runzelnd – nach einem passenden Reimwort sucht, und es will einem einfach nicht einfallen. Ein Reimlexikon leistet schnelle Abhilfe. Man muss es nur zu nutzen wissen! Sortiert ist es nach den Buchstaben a, e, i, o, u, wobei die Umlaute ä, ö, ü wie a, o und u behandelt werden und wie im Duden alphabetisch eingeordnet sind. Das y ist beim ü zu finden.
Suchen Sie also einen Reim zu »Regen«, dann schlagen Sie unter dem Eintrag »egen« nach. Da die ausführliche Lautschrift für den Laien recht schwer zu entziffern ist,

wurde darauf verzichtet. Beachten Sie aber, dass die Einträge nicht nach der Rechtschreibung, sondern nach der Lautung der Vokale geschrieben wurden. Suchen Sie einen Reim auf »Lohn«, müssen Sie unter »on« nachsehen. Das Dehnungs-H oder auch Doppelvokale wie in Moor tauchen in den Einträgen nicht auf. In den Fällen, in denen es eine gedehnte und eine kurze Variante eines Vokals gibt, wird die Dehnung durch das Zeichen »:« hinter dem Vokal signalisiert.
Zum Schluss noch eine Anmerkung: Aus Platzgründen wurden Begriffe, die sowohl groß- als auch kleingeschrieben werden können (z. B. die Suche und ich suche) meist nur ein Mal genannt, außer, die Begriffe sind nicht sinnverwandt. Im Lexikon tauchen nicht nur Grundformen auf, sondern auch andere grammatikalische Fälle. Hier wurden Artikel und persönliche Fürwörter weggelassen. Zum Beispiel: Bauch – (des) Bauches, stauchen – (ich) stauche.

A

a
Afrika
Algebra
Amerika
beinah
ich bejah
Cholera
da
Eklat
Etat
geschah
Gloria
hah!
Harmonika
hurra!
ja
Kamera
Mama
nah
Papa
Paprika
sah
(siehe *aben*)
Tombola
trallala
USA
Utopia

ä
bäh!
Kräh' (siehe *äbe*, *äben*)
mäh!
Näh'
Palais
Porträt
Relais
ich sä
zäh

a:b
gab
Grab
Knab' (siehe *abe*, *aben*)
Lab
Stab

abe
Gabe
Gehabe
Getrabe
am Grabe
Habe
habe
Knabe
Labe
Nabe
Rabe

Schabe
Schwabe
dem Stabe
Wabe

äbe
gäbe
Stäbe

abel
Babel
diskutabel
Fabel
Gabel
Kabel
miserabel
Nabel
Parabel
passabel
rentabel
Schnabel
spendabel
variabel
veritabel
Vokabel

aben
begaben
begraben
erhaben
Gaben

Gehaben	***abst***	Fach
Graben	gabst	…fach
Guthaben	labst (siehe ***aben***)	zehnfach
haben	Papst	flach
Knaben		Gekrach
laben	***a:bt***	gelach
traben	begabt	Krach
vergraben	gabt (siehe ***aben***)	ich lach
Waben	gehabt	Sach' (siehe
	gelabt	***ache***, ***achen***)
abend	trabt (siehe ***aben***)	Schach
Abend		wach
hochtrabend	***abt***	
labend	(siehe ***appt***)	***ache***
trabend		Bache
wohlhabend	***a:ch***	Drache
	brach (siehe	entfache
aber	***achen***)	ins Flache
aber	danach	Gekrache
Gelaber	gemach	lache
Gewaber	hernach	Mache
Inhaber	nach	Rache
Kandelaber	Schmach	Sache
Liebhaber		Wache
Traber	***ach***	
	Ach	***ä:che***
äbig/ch	allgemach	ich bräche
behäbig	Almanach	Gespräche
gäb' ich	Bach	spräche
schäbig	Dach	
vergäb' ich		

äche
(siehe **eche**)

achel
Kachel
Stachel

ächeln
fächeln
hecheln
Lächeln

a:chen
bestachen
brachen
Sprachen
stachen
zerbrachen

achen
anfachen
Drachen
krachen
lachen
   anlachen
   auslachen
   belachen
   verlachen
machen
   abmachen
   anmachen

ausmachen
vermachen
vormachen
mannigfachen
Rachen
Sachen (siehe
  ach, **ache**)
scharlachen
überdachen
verflachen
verzehnfachen
wachen
aufwachen
bewachen
erwachen

ä:chen
sie brächen
Gesprächen
sprächen
versprächen
zerbrächen

ächen
(siehe **echen**)

acher
flacher
Kracher
Lacher
Macher

Spaßmacher
schwacher (siehe
  ach)
Widersacher

ächer
Dächer
Fächer
Gemächer
Rächer
schwächer
(siehe **echer**)

ächlich
bestechlich
gebrechlich
hauptsächlich
oberflächlich
schwächlich
tatsächlich
unaussprechlich
zerbrechlich

achs/acks
Dachs
Flachs
des Fracks
Knacks
Lachs
pax
Sachs

Das Reimlexikon

stracks
Wachs
ich wachs'
zerhack 's
(siehe *achsen,*
 ack, acken)

␣achs/␣acks
(siehe *echs*)

achse/ackse
Achse
Faxe
dem Flachse
Haxe
Klettermaxe
Kraxe
Prophylaxe
Sachse
wachse (siehe
 achs, achsen)

achsen/acksen
Achsen
erwachsen
flachsen
Haxen
knacksen
wachsen
 gewachsen
 verwachsen

(siehe *achs,*
 achse)

a:cht
ihr bracht
spracht
stacht
(siehe *a:chen*)

acht
abgemacht
Acht
angefacht
aufgebracht
ausgelacht
ausgemacht
Bedacht
Betracht
bewacht
dacht'
Fracht
gebracht
gemacht
Gracht
Jacht
lacht (siehe
 achen, achten)
Macht
 Himmelsmacht
Nacht
 Hochzeitsnacht

Niedertracht
Pacht
Pracht
sacht
Schacht
Schlacht
Tracht
überdacht
umgebracht
verbracht
verhundertfacht
vermacht
zugedacht

ächt
(siehe *echte*)

achte
brachte
machte
sachte
im Schachte
schmachte
(siehe *achen,*
 acht, achten)

ächte
(siehe *echte*)

achtel
Achtel
Schachtel
Spachtel
Wachtel

achten
beachten
befrachten
betrachten
brachten
entmachten
lachten
nachten
pachten
schlachten
schmachten
trachten
übernachten
unbedachten
verachten
verfrachten
(siehe ***achen,***
  acht)

ächten
(siehe ***echten***)

achter
Achter
Betrachter
Frachter
Schlachter
verkrachter

ächter
(siehe ***echter***)

achtet
ausgeschlachtet
entmachtet
geachtet
gepachtet
ihr lachtet
nachtet
trachtet
umnachtet
verfrachtet
(siehe ***achen,***
  achten)

ächtig/ch
andächtig
bedächtig
grobschlächtig
mächtig
nächtig
niederträchtig
prächtig
schmächtig
trächtig
verdächtig

däcbt' ich
(siehe ***ächten***)

ächtigen
bemächtigen
berechtigen
ermächtigen
nächtigen
Mächtigen
prächtigen
(siehe ***ächtig***)

ächtlich
beträchtlich
geschlechtlich
nächtlich
rechtlich
verächtlich

achtsam
achtsam
bedachtsam

achtung
Achtung
Beachtung
Befrachtung
Betrachtung
Schlachtung
Übernachtung
Umnachtung

Verachtung
Verpachtung

achung
Abdachung
Abmachung
Bedachung
Bewachung
Überdachung
Überwachung
Verflachung

ächzen
ächzen
krächzen
lechzen

ack
Anorak
Ammoniak
Cognac
Frack
Geschmack
ich hack (siehe
  acken)
huckepack
klack
Kosak
Lack
Pack
Sack

Schabernack
Tabak
ticktack
Verhack
Wrack
Zickzack

äck
(siehe ***eck***)

acke
Attacke
au backe (siehe
  ack, acken)
Backe
Bracke
Geknacke
Geplacke
Hacke
Jacke
im Sacke

ackel
Dackel
Fackel
Gefackel
Gewackel
Lackel

acken
absacken
abwracken
Backen (Wange)
backen (siehe
  ack, acke)
einsacken
entschlacken
hacken
knacken
Kosaken
lacken
Nacken
packen
auspacken
einpacken
verpacken
piesacken
verknacken
Zacken
zickzacken
zupacken
wacken

acker
Acker
Geflacker
Gegacker
Geldschrank-
  knacker
Hosenkacker

■ 104 ■

Leuteplacker	hackt	Balustrade
Macker	intakt	Barrikade
Packer	kompakt	Blockade
Racker	Kontakt	Brigade
Schnacker	Kontrakt	Dekade
wacker	nackt	Eskapade
	Pakt	fade
äcker	Takt	Fassade
(siehe **ecker**)	verpackt	Gerade
	(siehe **acken**)	Gnade
ackig/ch		Jade
back ich (siehe	**ackte**	Kanonade
acken)	Akte	Kaskade
nackig	packte	Kolonnade
pausbackig	Takte	Lade
schlackig	vertrackte	Limonade
	(siehe **acken**,	Made
äckig	**ackt**)	malade
(siehe **eckig**)		Marmelade
	ädchen	Maskerade
ackt	Drähtchen	Nomade
abgeschmackt	Fädchen	Olympiade
abgewrackt	Lädchen	Parade
abstrakt	Mädchen	Pomade
Akt	Rädchen	Promenade
Autodidakt	Städtchen	Raffinade
befrackt		Remoulade
exakt	**ade**	schade
Extrakt	Arkade	Scharade
Fakt	Bade	Schokolade
gezackt	Ballade	Serenade

Das Reimlexikon

Wade
(siehe *at*, *aden*)

adel
Adel
Nadel
ich radel
Stadel
Tadel

aden
baden
Faden
Fladen
Gnaden
Kameraden
laden
  beladen
  einladen
  entladen
  verladen
Pfaden
Schaden
Schwaden
(siehe *at*, *ade*)

äden
Fäden
Läden
Schäden

ader
Ader
fader (siehe *ade*)
Geschwader
Hader
Hinterlader
Kader
Quader
Salbader

äder
Bäder
Geäder
Räder

adig/ch
dickschwadig
hochgradig
lad ich (siehe
    aden)
madig

adler
Adler
Nadler
Radler
Tadler

af
Autograph
Biograf

brav
Epitaph
Fotograf
Geograph
Graf
Kalligraph
Kinematograph
konkav
Ozeanograph
Paragraph
Phonograph
Pornograph
Schaf
Schlaf
Seraph
Stenograf
Telegraf
(siehe *afen*)

äfchen
Schäfchen
Schläfchen

afe
Strafe
Schafe
Schlafe
(siehe *af, afen*)

afel
Geschwafel
Getafel
schwafel
Tafel
ich tafel

afen
Grafen
Hafen
Schafen
schlafen
strafen
trafen
(siehe *af*)

äfen
Häfen
Schläfen
träfen

äfer
Käfer
Schäfer
Schläfer

afer
braver
Hafer

aff
Aff
baff
Gaff
Geklaff
Haff
Kaff
Pfaff
piff-paff!
ich raff
Schaff
schlaff
straff
(siehe *affen*)

affe
Affe
Agraffe
Geklaffe
Giraffe
Karaffe
Laffe
Pfaffe
schaffe
Schlaraffe
straffe
(siehe *aff, affen*)

affel
Gaffel
Raffel

Staffel
Waffel

affen
Affen
blaffen
erschlaffen
gaffen
geschaffen
klaffen
paffen
raffen
rechtschaffen
Schaffen
straffen
Waffen
(siehe *aff, affe*)

äffen
(siehe *effen*)

affer
Blaffer
Erschaffer
Gaffer
Kaffer
Metapher
schlaffer
straffer
Zeitraffer

Das Reimlexikon

affnen	dauerhaft	stümperhaft
bewaffnen	dünkelhaft	tugendhaft
dem Erschaffnen	ehrenhaft	vorteilhaft
rechtschaffnen	ekelhaft	zauberhaft
wohlbeschaffnen	fabelhaft	zweifelhaft
	fieberhaft	zwergenhaft
afft	flächenhaft	Kraft
(siehe ***aft***)	flatterhaft	rafft
	flegelhaft	Saft
afisch	geckenhaft	Schaft
biografisch	gewissenhaft	Arbeiterschaft
fotografisch	grauenhaft	Brüderschaft
geographisch	jungenhaft	Bürgerschaft
stenografisch	körperhaft	Dienerschaft
telegrafisch	lasterhaft	Eigenschaft
	launenhaft	Errungenschaft
äflich	lügenhaft	Gefangenschaft
gräflich	mädchenhaft	Gegnerschaft
sträflich	märchenhaft	Genossenschaft
	mangelhaft	Gevatterschaft
a:ft	massenhaft	Hinterlassen-
bestraft	meisterhaft	schaft
gestraft	musterhaft	Hundertschaft
ungestraft	rätselhaft	Jüngerschaft
schlaft	riesenhaft	Jungfernschaft
straft	sagenhaft	Körperschaft
traft	schauderhaft	Leidenschaft
	schemenhaft	Meisterschaft
aft	schleierhaft	Mutterschaft
erschlafft	schmeichelhaft	Nachbarschaft
Haft	schülerhaft	Priesterschaft

Rechenschaft	**after**	heutzutag
Ritterschaft	After	Hufbeschlag
Turnerschaft	Auskundschafter	lag
Völkerschaft	geraffter	mag
Wanderschaft	grauenhafter	Menschenschlag
Wissenschaft	herbeigeschaffter	Sarkophag
Witwenschaft	Klafter	Schlag (Hieb,
Taft	zauberhafter	Klang)
vergafft	(siehe **affen,**	Amselschlag
(siehe **affen**)	**aft**)	Flügelschlag
äft		Hammerschlag
(siehe **eft**)	**aftig**	Ritterschlag
	leibhaftig	Schlag (Art,
aften	saftig	Geschlecht)
gafften	wahrhaftig	Tag
haften		Donnerstag
Leidenschaften	**äftigen**	Feiertag
tugendhaften	bekräftigen	Freudentag
verhaften	beschäftigen	Sommertag
verkraften	deftigen	Trauertag
(siehe **affen, aft**)	geschäftigen	vag
	heftigen	Verlag
äften	kräftigen	vermag
äfften		Verschlag
bekräften	**ag**	Vertrag
entkräften	Beschlag	zag
Geschäften	Betrag	(siehe **agen**)
heften	Ertrag	
kläfften	frag	**äg**
Kräften	Gelag	säg'
sie refften	Hag	schräg

Das Reimlexikon

träg	Waage	Page
(siehe *ägen*)	zage	Passage
	(siehe *ag*, *agen*)	Persiflage
agbar		Plantage
beklagbar	*äge*	Rage
tragbar	Gepräge	Reportage
unsagbar	ich läge	Sabotage
unschlagbar	Säge	Spionage
untragbar	Schläge	Staffage
	schräge	Stellage
agd	träge	Takelage
(siehe *agt*)	(siehe *ägen*)	Trikotage
		Visage
age	*age/a:sche*	
Blage	Apanage	*agel*
Frage	Bagage	Hagel
Gelage	Bandage	Nagel
Gejage	Blamage	Zagel
Geklage	Courage	
heutzutage	Drainage	*agen*
Klage	Equipage	abschlagen
Lage	Eremitage	antragen
Niederlage	Etage	aufragen
Unterlage	Gage	auftragen
Wetterlage	Garage	Behagen
Plage	Karambolage	beschlagen
Sage	Kartonage	Betragen
Schlage	Kolportage	entsagen
Tage`	Massage	fragen
Trage	Menage	Gelagen
vage	Montage	jagen

klagen	Mägen	Leuteplager
Kragen	prägen	mager
lagen	Schlägen	Nager
Magen	sägen	Schlager
nagen	trägen	Schwager
ragen	wägen	vager
sagen		Versager
schlagen	**agend**	zager
anschlagen	beklagend	
beschlagen	fragend	**äger**
losschlagen	nichts sagend	Düsenjäger
nachschlagen	viel sagend	Jäger
zuschlagen	wehklagend	Kläger
Tagen	weittragend	Präger
tragen	(siehe **agen**)	Schläger
hertragen		schräger
wegtragen	**agende**	Schwäger
überragen	Entsagende	Träger
versagen	nagende	
verschlagen	(Schmerz)	**agern**
vertragen	überragende	abmagern
verzagen	Wagende	belagern
Wagen	Zagende	die hager'n
wagen	(siehe **agen**)	lagern
zagen		(siehe **ager**)
zutragen	**ager**	
(siehe **ag**, **age**)	Ansager	**äglich**
	Frager	einträglich
ägen	hager	erträglich
abschrägen	Jasager	kläglich
sie lägen	Lager	nachträglich

Das Reimlexikon

täglich	Beklagung	*ähen*
unsäglich	Entsagung	bähen
unzuträglich	Tagung	blähen
verträglich	Übertragung	geschähen
	Unterschlagung	Krähen
agner	Vertagung	mähen
abgetragner		nähen
verschlagner	*ahe*	säen
Wagner	beinahe	sähen
(siehe *agen*)	bejahe	schmähen
	nahe	spähen
agt	Rahe	verschmähen
behagt	(siehe *ahen*)	(siehe *ähe*)
betagt		
gefragt	*ähe*	*äher*
gejagt	geschähe	Europäer
gesagt	jähe	Galiläer
Jagd	Koryphäe	Häher
ihr lagt	Krähe	Mäher
Magd	Nähe	Näher
tagt	Pygmäe	Pharisäer
tragt	Trophäe	Säer
(siehe *agen*)	zähe	Späher
	(siehe *ähen*)	(siehe *ähe*)
agte		
betagte	*ahen*	*ai*
sagte	bejahen	(siehe *ei*)
(siehe *agen*)	geschahen	
	nahen	*ail (aij)*
agung	Rahen	Detail
Befragung	sahen	Email

■ 112 ■

aille/aije
Bataille
Emaille
Kanaille
Taille

a:k
erschrak
Gequak
quak!
stak
(siehe *aken*)

ak
(siehe *ack*)

ake
Bake
Gequake
Hannake
Kanake
Kloake
Krake
Lake
Phäake
quake
Schnake
(siehe *aken*)

akel
Bakel
Debakel
Gekrakel
Makel
Mirakel
Orakel
Spektakel
Tabernakel
Tentakel

akeln
abtakeln
auftakeln
krakeln
orakeln
spektakeln
Tentakeln
(siehe *akel*)

aken
Baken
blaken
die Kakerlaken
erschraken
Haken
haken
  aushaken
  einhaken
Laken
Phäaken

quaken
staken
(siehe *ake*)

akt
eingehakt
quakt
(siehe *aken*)
akt, akte, akter
(siehe *ackt,
  ackte, ackter*)

aktik
Didaktik
Praktik
Taktik

aktion
Aktion
Attraktion
Fraktion

aktisch
didaktisch
faktisch
kataraktisch
praktisch
prophylaktisch
taktisch

aktor	Gemahl	lokal
Faktor	General	loyal
Kalfaktor	genial	Madrigal
Redaktor	global	Mahl
Traktor	Gral	Abendmahl
	horizontal	Mittagsmahl
al	Hospital	Mal
Aal	Ideal	Ehrenmal
Admiral	ideal	Muttermal
anormal	Initial	…mal
Areal	international	allzumal
Arsenal	irrational	andermal
astral	Journal	einmal
atonal	jovial	hundertmal
Baal	kahl	jedesmal
banal	Kanal	Manual
befahl	Kapital	Material
brutal	Kardinal	Mineral
Choral	Karneval	minimal
diagonal	katastrophal	monumental
Differential	kausal	Moral
egal	klerikal	nasal
epochal	kolonial	national
fahl	kolossal	neutral
Fanal	kongenial	normal
fatal	kontinental	Opal
feudal	Korporal	Original
formal	Kral	oval
frugal	legal	pastoral
fundamental	liberal	pauschal
Futteral	Lokal	Pedal

Pennal	triumphal	*albe*
Personal	trivial	Albe (Gewand)
Pfahl	universal	halbe
phänomenal	Veronal	Kalbe
Piedestal	vertikal	Salbe
Pokal	vital	salbe
Portal	Vokal	Schwalbe
Potenzial	Wahl	(siehe *alb*)
Prinzipal	Wal	
provinzial	Zahl	*alben*
Qual	Zentral	Alben (Bücher)
Quartal	zentrifugal	allenthalben
radikal	zentripetal	falben
real	zumal	halben
Regal	(siehe *alen*)	kalben
Ritual		salben
Saal	*alb*	Salben
sakral	Alb	Schwalben
Schal	falb	(siehe *albe*)
schal	halb	
schmal	anderthalb	*alber*
sentimental	dreieinhalb	falber
Signal	…halb	Gealber
Skandal	deinethalb	Gekalber
sozial	deshalb	halber
Spital	seinethalb	Quacksalber
Stahl	außerhalb	
Strahl	innerhalb	*albern*
Tal	Kalb	albern
total	salb	kalbern
Tribunal	Skalp	veralbern

ald	Wandale	*ä:len*
(siehe *alt*)	zahle	den Chorälen
	Zentrale	erzählen
alde	(siehe *al*, *alen*)	pfählen
Alkalde		quälen
Halde	*äle*	schälen
Skalde	Choräle	schmälen
Walde	Generäle	stählen
	Säle	vermählen
ale	Stähle	wählen
Ahle	wähle	zählen
Biennale	zähle	(siehe *äle*)
Diagonale		
Extemporale	*alen*	*aler*
fahle	aalen	fataler
Filiale	Annalen	liberaler
Finale	befahlen	Maler
Generale	empfahlen	Prahler
Geprahle	Idealen	Taler
Internationale	mahlen	Zahler
Kabale	malen	(siehe *al*)
Kannibale	Neutralen	
Kathedrale	prahlen	*äler*
Male	Rivalen	Erzähler
Orientale	Schalen	Hospitäler
Rivale	stahlen	Pennäler
Salto mortale	strahlen	Quäler
Sandale	verschalen	Täler
Schale	zahlen	Wähler
Spirale	(siehe *al*, *ale*)	Zähler
Tale		

alg
Balg
Blasebalg
Talg

alge
Alge
balge

algen
Algen
balgen
Galgen

älich/g
allmählich
schmählich
überzählig
unzählig

alie
Dahlie
Lappalie
Repressalie

alien
Australien
Dahlien
Fressalien
Italien
Kapitalien
Lappalien
Marginalien
Materialien
Mineralien
Regalien
Repressalien
Saturnalien

alin
Gemahlin
Generalin
Prinzipalin
Rivalin
Vestalin

alisch
animalisch
bengalisch
bestialisch
infernalisch
kannibalisch
kollegialisch
martialisch
moralisch
musikalisch
orientalisch
partriarchalisch
physikalisch
sentimentalisch
theatralisch

alk
Alk
Kalk
Katafalk
Schalk
Talk
walk
(siehe ***alken***)

alke
Falke
kalke
Schalke
walke
(siehe ***alk, alken***)

alken
Balken
Falken
kalken
den Schalken
verkalken
verwalken
walken
(siehe ***alk***)

all
all (alle)
All
Ball

Das Reimlexikon

Maskenball	Verfall	anheimfallen
Sommerball	Walhall	befallen
Sonnenball	Wall	durchfallen
Wasserball	(siehe *allen*)	einfallen
Drall		entfallen
drall	*alle*	verfallen
Fall	alle	zerfallen
Sündenfall	Balle	gefallen
Überfall	bestalle	hallen
Wasserfall	Falle	verhallen
Zwischenfall	Galle	knallen
Feldmarschall	Geknalle	zerknallen
Geknall	Halle	Krallen
Gelall	Kalle	kristallen
Hall	Koralle	lallen
Widerhall	Kralle	metallen
Intervall	Kristalle	Nachtigallen
Knall	Qualle	prallen
Krawall	Ralle	schallen
Kristall	Schnalle	schnallen
Metall	(siehe *all*, *allen*)	stallen
Nachtigall		überfallen
Overall	*älle*	wallen
Prall	(siehe *elle*)	Wohlgefallen
Zusammenprall		(siehe *all*, *alle*)
Schall	*allen*	
Schwall	allen	*ällen*
Stall	Ballen	(siehe *ellen*)
Tattersall	zusammenballen	
überall	bestallen	
Vasall	fallen	

aller
Bestaller
draller
Knaller
praller
Waller

alles
alles
des Balles
Dalles
dralles
jeden Falles
(siehe **all**)

allig/ch
fall ich
gallig
Hallig
knallig
krallig
quallig
(siehe **allen**)

allisch
gallisch
kristallisch
metallisch
phallisch

alls, allt, allte
(siehe **als, alt, alte**)

allung
Ballung
Bestallung
Stallung
Umkrallung
Umwallung
Wallung

alm
Alm
Halm
Psalm
Qualm
Salm
Walm
zermalm

alme
Palme
Halme
Psalme
qualme
zermalme

almen
Almen
Halmen

Psalmen
qualmen
zermalmen

alp
(siehe **alb**)

a:ls
Aals
abermals
befahl's
Tals
vielmals
(siehe **al**, **alen**)

als
Balls
…falls
 allenfalls
 bestenfalls
 jedenfalls
 keinesfalls
Hals
Walhalls
zerknall's
(siehe **all**, **allen**)

a:lt
aalt
angemalt
angezahlt

Das Reimlexikon

bemalt	Gewalt	**ält**
bezahlt	Allgewalt	(siehe **elt**)
gemalt	Naturgewalt	
geprahlt	Staatsgewalt	**a:lte**
gezahlt	Halt	bezahlte
handgemalt	halt!	das Gemalte
strahlt	Heilanstalt	prahlte
unbezahlt	Hinterhalt	(siehe **alen**)
verschalt	kalt	
(siehe **alen**)	missgestalt	**alte**
	Sachverhalt	Alte
alt	Spalt	Balte
abgeprallt	ungestalt	Falte
Alt	Unterhalt	gestalte
alt	verhallt	halte
angeschnallt	verknallt	Kalte
Asphalt	Vorbehalt	lallte
Aufenthalt	Wald	schallte
bald	wohlgestallt	Spalte
alsbald	(siehe **allen**,	(siehe **allen, alt**,
sobald	**alten**)	**alten**)
Basalt		
bestallt	**ä:lt**	**älte**
wohlbestallt	erwählt	Erwählte
dergestalt	gequält	Erzählte
Erhalt	gestählt	ungezählte
fallt	gewählt	wählte
galt	gezählt	(siehe **ä:lt**, **älen**)
geballt	schält	
Gehalt	strählt (siehe **älen**)	
Gestalt		

älte
(siehe *elte*)

alten
alten
entfalten
erkalten
falten
galten
gestalten
halten
  abhalten
  aufhalten
  behalten
  enthalten
  erhalten
  vorenthalten
  vorhalten
knallten
schalten
  abschalten
  einschalten
spalten
ungehalten
unterhalten
veralten
vergalten
Verhalten
verhalten
  (zögernd)
verwalten

Walten
walten
wohlbehalten
entgalten
(siehe *allen, alt,*
  alte)

ä:lten
quälten
ungezählten
Vermählten
wählten
(siehe *ä:lt, ä:len*)

älten
(siehe *elten*)

alter
Alter
  Kindesalter
  Mannesalter
  Mittelalter
Büstenhalter
Erhalter
Falter
Federhalter
Gestalter
  Raumgestalter
Halter
Psalter
Schalter

ungestalter (siehe
  alt)
Unterhalter
Verwalter

älter
(siehe *elter*)

ältern
(siehe *eltern*)

altet
eingeschaltet
erkaltet
gefaltet
gestaltet
ihr knalltet
missgestaltet
ihr pralltet
umgeschaltet
verwaltet
wohlgestaltet
haltet
waltet
(siehe *allen,*
  alten)

altig
doppelspaltig
eisenhaltig
faltig

gewaltig	unaufhaltsam	*alve*
mannigfaltig	unterhaltsam	Malve
vielgestaltig		Salve
	altung	
ältig/ch	Entfaltung	*alz*
erkält' ich (siehe	Enthaltung	Balz
älten)	Erhaltung	Falz
hinterhältig	Gestaltung	galt's
sorgfältig	Haltung	halt's (siehe
vielfältig	Mühewaltung	*allen, alten,*
zwiespältig	Schaltung	*alzen*)
	Spaltung	lallt's
ältigen	Unterhaltung	Malz
bewältigen	Verwaltung	Pfalz
überwältigen		Salz
(siehe *ältig*)	*alung*	Schmalz
	Bemalung	
ältlich	Strahlung	*alze*
ältlich	Bestrahlung	balze
erhältlich	Übermalung	Falze
kältlich	Verschalung	Gebalze
unentgeltlich	Zahlung	Geschnalze
vorbehältlich	Bezahlung	Salze (siehe *alz*)
weltlich		versalze
	älung	Walze
älts	Erwählung	walze (siehe
(siehe *elz*)	Erzählung	*alzen*)
	Vermählung	
altsam	Zählung	*älze*
enthaltsam		(siehe *elze*)
gewaltsam		

■ 122 ■

alzen
balzen
falzen
malzen
Pfalzen
Salzen (siehe *alz*)
schmalzen
schnalzen
versalzen
walzen

alzer
Falzer
Schnalzer
Walzer

a:m
Amalgam
bekam (siehe
  amen)
erlahm (siehe
  amen)
Gram
gram
infam
Kram
lahm
Melodram
monogam
nahm (siehe
  amen)

Nam'
polygam
Rahm
Scham
zahm

am
(siehe auch *amm*)
...sam
  arbeitsam
  aufmerksam
  lobesam
  mitteilsam
  tugendsam
  unbeugsam
  unduldsam
  unwegsam
  wonnesam
  wundersam
  zaubersam
Tram

äm
ich käm' (siehe
  ämen)
Kreme
ich nähm' (siehe
  ämen)

ama
Brahma
Drama
Fama
Lama
Panorama

ame
Bestandsauf-
  nahme
Dame
Entgegennahme
dem Grame
krame
tugendsame
lahme (siehe
  a:m, *amen*)
Name
Reklame
Same

amen
abrahmen
Amen
bekamen
besamen
Brosamen
Damen
entkamen
entnahmen
erlahmen

Das Reimlexikon

Examen	*amer*	... gramm
Hamen	infamer (siehe	Anagramm
infamen	*a:m*)	Autogramm
kamen	lahmer (siehe *a:m*)	Epigramm
kramen	Nachahmer	Monogramm
lahmen		Programm
nachahmen	*amhaft*	Stenogramm
nahmen	namhaft	Telegramm
Namen	schamhaft	Kamm
rahmen		Klamm
einrahmen	*ämig*	klamm
umrahmen	griesgrämig	Lamm
Reklamen	käm' ich	Schlamm
Samen	nähm' ich	schwamm
übernahmen	schäm ich	Schwamm
unternahmen	vernähm' ich	Slum
verkamen	(siehe *ämen*)	Stamm
zahmen		stramm
(siehe *a:m, ame*)	*ämlich*	Tamtam
	dämlich	verdamm (siehe
ämen	grämlich	*ammen*)
eincremen	nämlich	
grämen		*amme*
kämen	*amm*	Amme
lähmen	am	auf dem Damme
schämen	bim, bam!	entflamme (siehe
Tantiemen	Bräutigam	*ammen*)
verbrämen	Damm	Flamme
zähmen	Gramm	Ramme
	Kilogramm	ramme (siehe
	Milligramm	*amm, ammen*)

Schramme
Stenogramme
Wamme

ammel
Bammel
Gebammel
Gerammel
Gestammel
Hammel

ammeln
bammeln
rammeln
verrammeln
sammeln
  einsammeln
  versammeln
Schrammeln
schrammeln
stammeln

ammen
den Bräutigam-
  men
entflammen
entschlammen
flammen
Flammen
rammen

schrammen
Schrammen
schwammen
stammen
strammen
verdammen
verschlammen
zusammen
(siehe ***amm***,
  amme)

ämmen
(siehe ***emmen***)

ammer
Ammer
Hammer
Jammer
Kammer
Klammer
klammer
strammer

ammern
Ammern
jammern
Kammern
klammern
(siehe ***ammer***)

ammig
hunderflammig
schlammig
schwammig

amms, ammt
(siehe ***ams, amt***)

ämmt
(siehe ***emmt***)

ampe
Krampe
Lampe (Hase,
  Leuchte)
Rampe
Schlampampe
Schlampe
Wampe

ampel
Ampel
Gehampel
Gekampel
Gestrampel
Getrampel
Trampel

ampeln
Ampeln
hampeln

Das Reimlexikon

kampeln
strampeln
trampeln

ampen
krampen
Lampen
schlampampen
Schlampen
verschlampen
(siehe **ampe**)

ampf
Dampf
ich dampf
Gestampf
Kampf
Krampf
ich stampf
(siehe
  ampfen)

ampfe
Dampfe
Klampfe
stampfe
(siehe **ampf**,
  ampfen)

ämpfe
Dämpfe

Kämpfe
Krämpfe

ampfen
andampfen
dampfen
krampfen
stampfen
verdampfen
vorüberdampfen

ampfer
Dampfer
Kampfer
Sauerampfer
Stampfer

ampig
pampig
schlampig

a:ms
des Grams
kam's
nahm's (siehe
  amen)

ams
des Damms
Gams
Krimskrams

schwamm's
des Stamms
verdamm's
(siehe **amm**,
  ammen)
Wams

a:mt
ausgekramt
besamt
eingerahmt
erlahmt
kamt (siehe
  amen)
lahmt (siehe
  amen)
nachgeahmt

amt
Amt
angestammt
entflammt (siehe
  ammen)
entstammt (siehe
  ammen)
gesamt
insgesamt
Samt
samt
verdammt (siehe
  ammen)

ämt
eingecremt
gelähmt
gezähmt
lähmt
unverschämt
verbrämt
vergrämt
(siehe *ämen*)

ämter
Ämter
eingedämmter
gekämmter

ämung
Lähmung
Verbrämung
Zähmung

a:n
abgetan
Aeroplan
Ahn
angetan
Autobahn
Bahn
Baldrian
bejahn (siehe
   ahen)
Blödian

Dekan
Diwan
Dummerjan
Eisenbahn
Enzian
Fasan
Filigran
Galan
getan
Gran
Grobian
Hahn
human
Kahn
Kaplan
Kastellan
Khan
Koran
Kran
Kumpan
Lebensbahn
Lebertran
Liederjan
Majoran
Marzipan
Meridian
momentan
Organ
Orkan
Ozean
Pan

Partisan
Pavian
Pelikan
Plan
Porzellan
profan
Ramadan
Rodelbahn
Roman
sah'n (siehe
   ahen)
Scharlatan
Schlendrian
Schwan
simultan
Sopran
Span
spontan
Straßenbahn
Talisman
Thymian
Titan
Tran
Untertan
untertan
Uran
urban
Urian
Vatikan
Veteran
Vulkan

Das Reimlexikon

Wahn	lande	verwandeln
Zahn	Sarabande	wandeln
zugetan	Schande	(siehe *andel*)
	strande (siehe	
an	*anden*)	*andelt*
(siehe *ann*)		eingehandelt
	ände	handelt
än	(siehe *ende*)	lustwandelt
Kapitän		misshandelt
mähn	*andel*	verschandelt
mondän	Bandel	verwandelt
säh'n	Handel	(siehe *andeln*)
sän	Kandel	
souverän	Mandel	*a:nden*
wähn'	Wandel	ahnden
(siehe *äben*,	(siehe *andeln*)	fahnden
änen)		
	ändel	*anden*
and	(siehe *endel*)	abgestanden
(siehe *ant*)		Banden
	andeln	sie banden
ande	anbandeln	beanstanden
Strande	behandeln	bestanden
Bande	handeln	branden
Verwandte (siehe	kandeln	einverstanden
ant)	lustwandeln	…handen
Girlande	Mandeln	abhanden
Grande	misshandeln	vorhanden
hierzulande	unterhandeln	zuhanden
imstande	verhandeln	entstanden
Konterbande	verschandeln	erfanden

erstanden
fanden
gestanden
Girlanden
Konfirmanden
schwanden
standen
stranden
umranden
versanden
verschwanden
zuschanden
(siehe *ande*)

änden
(siehe *enden*)

ander
Durcheinander
...einander
  durcheinander
  miteinander
  voneinander
  zueinander
Expander
Kalander
Mäander
Oleander
Palisander
Salamander

wander'
Zander

änder
(siehe *ender*)

andern
andern
den Oleandern
  (siehe *ander*)
wandern

ändern
(siehe *endern*)

andig/ch
brandig
fand ich
sandig
(siehe *ant*)

ändig
auswendig
beständig
eigenhändig
eigenständig
elendig
geständig
lebendig
notwendig
ständig

unbändig
verständ' ich
verständig
wendig
(siehe *enden*)

ändigen
aushändigen
bändigen
einhändigen
endigen
Lebendigen
notwendigen
unverständigen
verständigen
zuständigen

ändler
Händler
Ländler
Pendler
Ruheständler
Tändler
Unterhändler

ändlich
(siehe *enntlich*)

andlung
Behandlung
Handlung

Das Reimlexikon

Misshandlung	*ane*	Kähne
Verhandlung	Ahne	Kapitäne
Verschandlung	ahne	Mähne
Wandlung	Banane	Migräne
Verwandlung	Brahmane	mondäne
	Fahne	Muräne
ändnis	Germane	Pläne
(siehe *enntnis*)	Karawane	Quarantäne
	Kleptomane	Späne
ändung	Kumpane	Träne
(siehe *endung*)	Kurtisane	(siehe *än*,
	Liane	*änen*)
ands	Membrane	
(siehe *anz*)	Ottomane	*anen*
	Partisane	absahnen
andschaft	Plane	ahnen
(siehe	plane	Ahnen
antschaft)	Platane	bahnen
	Sahne	Kaplanen
a:ndung	Schikane	die Manen
Ahndung	Soutane	profanen
Fahndung	Titane	filigranen
	Zahne	Germanen
andung	(siehe *a:n, anen*)	mahnen
Brandung		marzipanen
Gewandung	*äne*	planen
Landung	Domäne	porzellanen
Strandung	erwähne	schwanen
Umrandung	Fontäne	tranen
Versandung	Gegähne	zahnen
Wandung	Hyäne	(siehe *a:n, ane*)

änen
den Kapitänen
(siehe *än*, *äne*)
erwähnen
gähnen
souveränen
(siehe *än*, *äne*)
tränen
wähnen

aner
Afrikaner
Amerikaner
Dominikaner
Eisenbahner
Franziskaner
humaner
Indianer
Insulaner
Liliputaner
Lutheraner
Mahner
Mohikaner
Neapolitaner
Persianer
Planer
Primaner
Puritaner
Republikaner
Sekundaner
spontaner

Straßenbahner
Tertianer
(siehe *a:n*)

ang
bang
Belang
Bumerang
Drang
Lebensdrang
Schaffensdrang
Tatendrang
Empfang
Fang
Gang (Lauf)
Müßiggang
Niedergang
Übergang
Untergang
Gang (Schaltung)
Rückwärtsgang
gelang
(siehe *angen*)
Gesang
Abgesang
Chorgesang
Grabgesang
Hang
Felsenhang
Überhang

es klang (siehe *angen*)
Klang
Donnerklang
Glockenklang
Liederklang
lang (räumlich)
ellenlang
meilenlang
meterlang
lang (zeitlich)
lebenslang
nächtelang
tagelang
Notausgang
Rang
sang
Sang
Männersang
Singsang
Sirenensang
Vogelsang
Wellensang
im Schwang
Strang
Tang
Überschwang
Zwang

äng
(siehe *eng*)

ange	*angen*	umsprangen
bange	anfangen	versprangen
Belange	bangen	umschlangen
in vollem Gange	befangen	Unterfangen
lange	begangen	vergangen
Range	belangen	verklangen
Schlange	besangen	Verlangen
im Schwange	bezwangen	verschlangen
Spange	drangen	Wangen
Stange	gehangen	zwangen
verlange	gelangen	(siehe *ange*)
Wange	empfangen	
Zange	entgangen	*ängen*
(siehe *ang*,	erklangen	(siehe *engen*)
angen)	erlangen	
	fangen	*anger*
änge	gefangen	Anger
(siehe *enge*)	gegangen	Handlanger
	gelangen	Pranger
angel	klangen	schwanger
Angel	langen (aus-	banger
Gerangel	reichen; eine	langer
ich hangel	Ohrfeige)	
Mangel	langen	*änger*
Tingeltangel	misslangen	bänger
Triangel	prangen	Bedränger
(siehe *angeln*)	sangen	Doppelgänger
	schlangen	Einzelgänger
ängel	schwangen	Empfänger
(siehe	sprangen	enger
engel)	entsprangen	Fänger

länger
Rutengänger
Sänger
strenger

ängern
Bedrängern
enger'n
Rattenfängern
schwängern
strengern
verlängern

änglich/g
bänglich
empfänglich
länglich
lebenslänglich
quenglig
überschwänglich
unumgänglich
unzulänglich
verfänglich
vergänglich

ängnis
Bedrängnis
Begängnis
Empfängnis
Gefängnis
Verhängnis

angst
Angst
du bangst
zwangst
(siehe *angen*)

ängst
(siehe *engst*)

ängung
(siehe *engung*)

anich/g
ahn ich
Kranich
mahn ich
sahnig
tranig
zahnig
(siehe *anen*)

änig/ch
gähn ich (siehe
   änen)
mähnig
untertänig
wähn ich (siehe
   änen)

anisch
afrikanisch
amerikanisch
botanisch
germanisch
lutheranisch
manisch
mechanisch
mohammeda-
  nisch
muselmanisch
organisch
ozeanisch
panisch
puritanisch
republikanisch
romanisch
satanisch
spanisch
spartanisch
titanisch
vulkanisch

ank
Bank
blank
Dank
frank
Gerank
Gestank
Gezank

Das Reimlexikon

krank	**änke**	**anker**
sank	(siehe *enke*)	Anker
Schank		Janker
schlank	**änkel**	Kanker
Schrank	(siehe *enkel*)	Kranker (siehe
Schwank		*ank*)
schwank	**anken**	schlanker (siehe
Tank	Banken	*ank*)
Trank	betranken (sich)	Tanker (siehe
ohne Wank	danken	*ank*)
Zank	bedanken	
(siehe *anken*)	verdanken	**änker**
	erkranken	(siehe *enker*)
änk	Gedanken	
(siehe *enk*)	kranken	**ankhaft**
	Kranken	krankhaft
anke	ranken	schwankhaft
Anke	Ranken	zankhaft
danke!	sanken	
zum Danke	schwanken	**ankt**
Gedanke	stanken	(sei) bedankt!
Geranke	tanken	erkrankt
Gezanke	umranken	sakrosankt
Kranke	versanken	trankt
Planke	zanken	umrankt
Pranke	(siehe *ank, anke*)	vollgetankt
Ranke		wankt
Schranke	**änken**	(siehe
schwanke	(siehe *enken*)	*anken*)
(siehe *ank*,		
anken)		

anlos
bahnlos
planlos
zahnlos

ann
an
  daran
  dran
  heran
  hinan
  hintan
  voran
Bann
bergan
dann
  alsdann
  sodann
Gespann
kann
man
Mann
  Edelmann
  Ehemann
  Ehrenmann
  Hampelmann
  Hintermann
  Mittelsmann
  Steuermann
  Wandersmann
  Muselmann

Rührmichnichtan
ich sann
Spann
Tann
Tyrann
wann
woran
(siehe ***annen***)

anne
Granne
Kanne
Panne
Pfanne
Schranne
Spanne
Tanne
Wanne
die Gespanne
dem Manne
ich banne
ich bemanne
(siehe ***ann, annen***)

annen
bannen
begannen
bemannen
besannen
entmannen

entrannen
ermannen
ersannen
gewannen
Mannen
sie sannen
spannen
spannen
Tannen
übermannen
von dannen
(siehe ***ann, anne***)

anner
Banner
begann er
Bogenspanner
Büchsenspanner
gewann er
Spanner (Schmetterling)
(siehe ***annen***)

anns, annt
(siehe ***ans, ant***)

annung
Bemannung
Bespannung
Entspannung

Das Reimlexikon

Spannung	***ant***	extravagant
Verbannung	Adjutant	Fabrikant
	allerhand	Fant
ans	amüsant	Flagellant
begann's (siehe	Arrestant	Foliant
ann, ***annen***)	arrogant	frappant
Gans	Aspirant	fulminant
des Gespanns	Band (siehe ***ande***,	galant
Hans	***anden***)	Garant
kann's	bannt (siehe	gebannt
des Manns (siehe	***anten***)	gebrannt
ann, ***annen***)	bekannt	abgebrannt
Stimulans	unbekannt	angebrannt
	bemannt	ausgebrannt
anst	unbemannt	eingebrannt
bannst (siehe	Bestand	gekannt
annen)	blümerant	genannt
entrannst (siehe	Brand	gesandt
annen)	brillant	abgesandt
kannst	charmant	eingesandt
Wanst	Debütant	gespannt
	Denunziant	angespannt
a:nt	Diamant	eingespannt
ahnt	Dilettant	hochgespannt
ermahnt	Diskant	Gewand
geahnt	Duellant	gewandt
gebahnt	eklatant	Gigant
plant	Elefant	Gratulant
mir schwant	elegant	Hand
verzahnt	Emigrant	Hospitant
(siehe ***anen***)	erkannt	Ignorant

imposant
Infant
Intendant
interessant
Intrigant
Kommandant
Konfirmand
konstant
Konterband'
kulant
Laborant
Land
   Abendland
   Morgenland
   Vaterland
Leutnant
Lieferant
markant
mokant
Musikant
Passant
Pedant
penetrant
Pfand
   Unterpfand
pikant
Praktikant
Protestant
Proviant
Querulant
Rand

rannt'
rasant
Repräsentant
riskant
Sand
Schmand
Sekundant
Sergeant
Sextant
Simulant
Spant
Spekulant
Stand
   Ehestand
   Gegenstand
   Understand
   Widerstand
Strand
Tand
tolerant
Trabant
überhand
übermannt
überspannt
unverwandt
Vagant
vakant
Verband
verbannt
verbrannt
verkannt

verrannt
Verstand
verwandt
vigilant
vorderhand
Vorwand
Wand
Want

ante
Andante
Bekannte
Dominante
elegante
Gesandte
Gouvernante
kannte
Kante
Konstante
Levante
Resultante
Sekante
Tante
Verwandte
wandte
(siehe ***ant***,
   anten)

anten
bekannten
Bekannten

Das Reimlexikon

brannten	***antin***	***anz***
diamanten	Debütantin	Allianz
erkannten	Gratulantin	Ambulanz
ernannten	Infantin	Arroganz
Gesandten	Komödiantin	Bilanz
kannten	Pedantin	Diskrepanz
kanten	Protestantin	Dissonanz
Kanten	(siehe ***ant***)	Distanz
nannten		Eleganz
rannten	***antisch***	fand's
sandten	atlantisch	Firlefanz
so genannten	dilettantisch	ganz
(siehe ***ant***)	gigantisch	Glanz
Spanten	komödiantisch	Instanz
Tanten	musikantisch	Konkordanz
Verbannten	pedantisch	Kranz
verbrannten	protestantisch	Ehrenkranz
verkannten	romantisch	Erntekranz
verwandten		Jungfernkranz
wandten	***antschaft***	Lands
Wanten	Bekanntschaft	Mummenschanz
(siehe	Gesandtschaft	Observanz
ante)	Landschaft	Ordonnanz
	Verwandtschaft	Resonanz
		Schanz'
anter	***anung***	Schwanz
Ganter	Ahnung	Substanz
Kanter	Anbahnung	Tanz
Panther	Mahnung	Vakanz
Verbannter	Planung	(siehe ***ant, anze,***
Verkannter	Verzahnung	***anzen***)
(siehe ***ant***)		

änz
(siehe **enz**)

anze
Ganze
Lanze
Pflanze
Pomeranze
Romanze
Schanze
Schranze
Stanze
tanze
Wanze
(siehe **anz, anzen**)

änze
(siehe **enze**)

anzen
anfranzen
anranzen
Bilanzen
im Ganzen
Lanzen
pflanzen
Ranzen
schanzen
stanzen
tanzen
verschanzen
zuschanzen
(siehe **anz, anze**)

änzen
(siehe **enzen**)

anzer
Anranzer
Finanzer
ganzer
Landser
Panzer
Pflanzer
Schanzer
Stanzer

anzig
pflanz ich (siehe
 anzen)
ranzig
tanz ich (siehe
 anzen)
zwanzig
(siehe **anzen**)

aph, aphisch
(siehe **af, afisch**)

app
ab
herab
hinab
Geklapp
Gelapp
ich japp
Kap
klipp-klapp!
knapp
papperlapapp!
schlapp
schnapp
schnipp-schnapp!
schwapp!
Trab
tripp-trapp!
(siehe **appen**)

appe
Attrappe
Etappe
Kappe
ich kappe
Klappe
Knappe
Lappe
Mappe
Pappe
Rappe
Schlappe
ich tappe
Trappe
(siehe **appen**)

Das Reimlexikon

appel
Getrappel
Gezappel
Pappel
Rappel
ich trappel

appen
berappen
ertappen
Happen
jappen
kappen
klappen
Knappen
Lappen
pappen
Rappen
Rappen
schlappen
schnappen
schwappen
tappen
überschwappen
verknappen
Wappen
wegschnappen
(siehe ***appe***)

apper
Geklapper
Geplapper
Klapper
knapper
Trapper

appern
klappern
Klappern
plappern
den Trappern
Zähneklappern

appt
Abt
angepappt
ertappt
gekappt
klappt
tappt
übergeschnappt
übergeschwappt
verkappt
(siehe ***appen***)

aps
Flaps
Klaps
Kollaps
Raps
Schnaps
Taps

apst
(siehe ***abst***)

apsen
flapsen
japsen
klapsen
knapsen
schnapsen
tapsen
trapsen
verklapsen

apsig
flapsig
klapsig
tapsig

ar
Aar
Adebar
Aktuar
Altar
Antiquar
Ar
Archivar
Bar
bar

annehmbar	Inventar	Talar
offenbar	Jaguar	Tatar
sonderbar	Jahr	Vikar
undankbar	Januar	wahr
unfruchtbar	Jubilar	war
unheilbar	Kar	Zar
unscheinbar	Kaviar	zwar
unsichtbar	klar	(siehe *aren*)
unwandelbar	Kommentar	
wahrnehmbar	Kommissar	***är***
wandelbar	Korsar	Air
wunderbar	lapidar	Aktionär
Barbar	Mahr	Bär
Bazar	Mobiliar	erklär (siehe
Bibliothekar	Notar	***ären***)
Boudoir	Paar	fair
dar	Ehepaar	familiär
Dromedar	Elternpaar	Gewähr
elementar	Liebespaar	imaginär
Exemplar	Storchenpaar	leger
fahr	ein paar	Legionär
Februar	rar	Mär
Formular	Reservoir	Militär
gar	Samowar	Millionär
gebar	Schar	ordinär
Gefahr	Kinderschar	pekuniär
gewahr	Vogelschar	Pensionär
Haar	Scholar	populär
Honorar	Seminar	Reaktionär
Husar	sogar	regulär
immerdar	Star	rudimentär

Sekretär
sekundär
ungefähr
visionär
Volontär
vulgär

arb
Rosenfarb
starb
warb
(siehe **arben**)

arbe
Barbe
darbe
Farbe
Garbe
Narbe

ärbe
(siehe **erbe**)

arben
bewarben
darben
erwarben
Farben
Garben
sie warben
starben

verdarben
vernarben
(siehe **arbe**)

arche
Arche
Geschnarche
schnarche

ärchen
Bärchen
Härchen
Jährchen
Lärchen
Lerchen
Märchen
Pärchen
pferchen

ard
(siehe **art**)

arde
Barde
Garde
Hellebarde
Kokarde
Mansarde
Milliarde
Narde
Poularde

ärde
Gebärde
Gefährde
gebärde

are
Bahre
Fanfare
gewahre
Haare
Ware
Wunderbare
(siehe **ar**, **aren**)

äre
Affäre
Ähre
Atmosphäre
Barriere
erkläre
Fähre
Gondoliere
Hemisphäre
Hetäre
Imaginäre
Karriere
Mähre
Märe
Megäre
Misere
Premiere

Schäre	**ären**	wunderbarer
Schimäre	Affären	(siehe **ar**)
Sphäre	bewähren	
Ungefähre	erklären	**ärer**
Voliere	gären	Erklärer
(siehe **är, ären**)	gebären	Ernährer
	gewähren	fairer
aren	klären	vulgärer
Bahren	Millionären	(siehe **är**)
erfahren	nähren	
fahren	verjähren	**arf**
Fanfaren	(siehe **är, äre**)	Bedarf
Gebaren		darf
gewahren	**ärend**	scharf
haaren	fortwährend	warf
Laren	gärend	(siehe **arfen**)
offenbaren	gebärend	
paaren	klärend	**arfe**
Scharen	nährend	Arve
sparen	schwärend	Harfe
Staren	verklärend	Larve
unerfahren	während	scharfe
Verfahren	(siehe **ären**)	
verfahren		**arfen**
verwahren	**arer**	entwarfen
wahren	Fahrer	harfen
waren	Autofahrer	Harfen
(siehe **ar, are**)	Nordpolfahrer	scharfen
	Weltraumfahrer	verwarfen
	klarer	warfen
	Wahrer	(siehe **arf**)

ärfen
(siehe ***erfen***)

arg
Arg
arg
karg
Sarg
barg
verarg
(siehe ***argen***)

ärge
(siehe ***erge***)

argen
einsargen
kargen
verargen
verbargen
im Argen
kargen

arig/ch
fahr ich
fahrig
gewahr ich
haarig
paarig
war ich
(sieh ***aren***)

ärig
hundertjährig
untergärig
willfährig

arisch
antiquarisch
arisch
barbarisch
elementarisch
exemplarisch
kommissarisch
literarisch
parlamentarisch
planetarisch
proletarisch
solidarisch
statuarisch
summarisch
testamentarisch
vegetarisch

arium
Aquarium
Diarium
Inventarium
Kalendarium
Szenarium
Terrarium

ark
autark
Bark
Mark (Knochen-
    mark)
Mark (Geldstück)
Park
Quark
stark
Telemark
ich hark
(siehe ***arken***)

ärk
(siehe ***erk***)

arke
Barke
Halbstarke
Harke
harke
Marke
parke
im Parke
Starke
(siehe ***ark***,
    arken)

arken
Barken
erstarken
harken

144

Marken	Darm	*armer*
parken	Farm	Allerbarmer
(siehe *ark*, *arke*)	Gendarm	Armer
	dass Gott erbarm	Farmer
ärken	Harm	warmer
(siehe *erken*)	Schwarm (Menge)	
	Schwarm (Idol)	*ärmer*
arkt	ich umarm	ärmer
erstarkt	warm	Pulswärmer
geharkt	(siehe *armen*)	Schwärmer
geparkt		wärmer
harkt	*armen*	
Infarkt	Armen	*ärmt*
Markt	in den Armen	aufgewärmt
parkt	erbarmen	ausgeschwärmt
(siehe *arken*)	Erbarmen	erwärmt
	Gendarmen	lärmt
ärlich	umarmen	schwärmt
alljährlich	verarmen	umlärmt
erklärlich	warmen	umschwärmt
gefährlich	(siehe *arm*)	verhärmt
jährlich		wärmt
spärlich	*ärmen*	
unerklärlich	Fermen	*arn*
ungefährlich	Gedärmen	Farn
	sich härmen	Garn
arm	lärmen	Harn
Alarm	die Spermen	Schmarr'n
Arm	schwärmen	Sparr'n
arm	Thermen	warn'
Charme	wärmen	(siehe *arnen*)

Das Reimlexikon

arnen
Farnen
Garnen
harnen
tarnen
umgarnen
warnen
  entwarnen
  verwarnen

arnung
Entwarnung
Tarnung
Umgarnung
Verwarnung
Warnung

arr
bizarr
Geknarr
Gescharr
Geschnarr
ich harr
Katarrh
Narr
Pfarr'
starr
(siehe ***arre***,
  arren)

arre
Barre
Bizarre
Darre
Farre
Gequarre
Gescharre
Geschnarre
Gitarre
harre
Karre
Knarre
Pfarre
Scharre
Schmarre
Schnarre
Starre
Zigarre
(siehe ***arr***, ***arren***)

ärre
(siehe ***erre***)

arren
Barren
harren
erharren
verharren
Karren
knarren
Narren

narren
scharren
verscharren
Schmarren
schnarren
starren
  anstarren
  erstarren
Sparren
(siehe ***arr***, ***arre***)

ärren
(siehe ***erren***)

arrer
bizarrer
Pfarrer
starrer
Steinekarrer

arrt
(siehe ***art***)

arrung
Beharrung
Erstarrung

a:rs
des Aars
erfahr's
Jahrs

war's
(siehe *ar*, *aren*)

arsch
Arsch
Barsch
barsch
Harsch
Marsch
marsch!

a:rt
Art
  Eigenart
  Lebensart
  Redensart
Bart
behaart
bejahrt
bewahrt
Fahrt
fahrt
gelahrt
geoffenbart
gepaart
geschart
gespart
gewahrt
verwahrt
wart
wohlverwahrt

zart
(siehe *aren*)

art
apart
Gegenwart
harrt
hart
Hasard
Leopard
Part
Quart
smart
Standard
Start
Tankwart
vernarrt
ward
Wart
wart
Wetterwart
Widerpart
(siehe *arren*,
  arten)

ärt
abgeklärt
aufgeklärt
bewährt
erfährt
fährt

gärt
Gefährt
ungeklärt
unterernährt
verjährt
verklärt
wärt
wohlgenährt

a:rte
Gelahrte
Geoffenbarte
Schwarte
Sparte
(siehe
  aren,
  a:rt)

arte
harrte
harte
Karte
Quarte
Scharte
Sparte
Standarte
Starte
starte
Warte
  Sternwarte
  Wetterwarte

(siehe *art*,
  arten)

ä:rte
Bärte
erklärte
Fährte
Gefährte
(siehe *ären*)

ärte
(siehe *erte*)

a:rten
ausarten
bejahrten
entarten
Fahrten
offenbarten
sparten
(siehe *aren*, *art*)

arten
Erwarten
erwarten
Garten
harrten
Karten
Quarten
Scharten
smarten

starten
warten
(siehe *arren*, *art*,
  arte)

ä:rten
Aufgeklärten
Bärten
erklärten
Fährten
Gefährten
nährten
(siehe *ärt*, *ä:rte*)

ärten
(siehe *erten*)

arter
harter
Marter
Starter
(siehe *art*)

ärter
(siehe *erter*)

a:rtet
entartet
gut geartet
spartet

wahrtet
(siehe *aren*)

artet
abgekartet
erwartet
gestartet
starrtet
startet
unerwartet
verharrtet
(siehe *arren*,
  arten)

ärtheit
Abgeklärtheit
Aufgeklärtheit
Verklärtheit
Wohlgenährtheit

artig/ch
artig
gewahrt' ich
spart' ich
(siehe *aren*)

ä:rtig/ch
bärtig
erklärt' ich
gewährt' ich

ärtig/ch	**a:rz**	**arzer**
gegenwärtig	Harz	Karzer
gewärtig	Quarz	schwarzer
hoffärtig	erfahrt's	
widerwärtig	wahrt's	**ärzlich**
plärrt' ich	wart's	(siehe *erzlich*)
(siehe *ärten*)	(siehe *aren*)	
		a:s/a:ß
ärts	**arz**	Aas
(siehe *erz*)	schwarz	aß
	erwart's	blas
arung	erharrt's	Fraß
Behaarung	knarrt's	Gas
Bewahrung	Starts	Geras'
Erfahrung	ward's	Glas
Nahrung	(siehe *arren*, *art*)	Gras
Offenbarung		Has'
Paarung	**ärz**	Klas
Verklarung	(siehe *erz*)	Maß
Verwahrung		Spaß
Wahrung	**a:rze**	Topas
	Harze	(siehe *ase, asen,*
ärung	Quarze	*aßen*)
Bewährung	Warze	
Erklärung		**as**
Ernährung	**arze**	Aderlass
Gärung	Parze	Ananas
Klärung	Schwarze	As
Verjährung		Bass
Verklärung	**ärzen**	blass
Währung	(siehe *erzen*)	das

Das Reimlexikon

en masse	***asch***	ungewaschen
Erlass	Asch	verwaschen
Fass	lasch	waschen
fass	nasch	(siehe ***asch***,
fürbass	Pasch	***asche***)
Gelass	rasch	
Hass	wasch	***äscher***
krass	(siehe ***aschen***)	(siehe ***escher***)
lass		
Nass	***asche***	***ase***
nass	Asche	Ase
Nikolas	Flasche	Base
Pass	Gamasche	Blase
Unterlass	Lasche	Ekstase
Verlass	Masche	Emphase
verprass	pasche	Gase
was	Tasche	Gaze
zupass	überrasche	Gerase
(siehe ***assen***)	(siehe ***aschen***)	Glase
		Hase
äs/äß	***äsche***	Nase
Gefäß	(siehe ***esche***)	Oase
gemäß		Paraphrase
Gesäß	***aschen***	Phase
Käs'	Aschen	Phrase
läs'	Flaschen	rase
sachgemäß	haschen	Vase
säß'	naschen	(siehe ***a:s, asen***)
termingemäß	paschen	
(siehe ***äsen***,	raschen	***äse***
äßen)	überraschen	ich äse

Gebläse
Käse
läse
Mayonnaise
Polonäse
(siehe **äsen**)

aße
Fraße
Maße
Spaße
Straße

äße
Gefäße
Gemäße
Gesäße
säße
Späße
vergäße
(siehe **äßen**)

asen
aasen
Basen
blasen
genasen
grasen
Rasen
rasen
sie lasen

vergasen
verglasen
Wasen
(siehe **ase**)

äsen
äsen
fräsen
Gebläsen
käsen
läsen
(siehe **äse**)

aßen
aßen
besaßen
dermaßen
fraßen
maßen
über die Maßen
saßen
spaßen
Straßen
vergaßen
sie vermaßen
(sich)

äßen
äßen
besäßen
Gefäßen

säßen
Späßen
vergäßen
(siehe **äße**)

aser
Blaser
Faser
Glaser
Maser
Vergaser

äser
Äser
Bläser
Fräser
Gläser
Gräser
Käser

asig/ch
aasig
blasig
gasig
glasig
genas ich
ras ich
(siehe **asen**)

äßig
gefräßig

mäßig
übermäßig
unmäßig

aske
Baske
Maske

asko
Fiasko
Kasko

asmen
Miasmen
Orgasmen
Phantasmen
Pleonasmen
Sarkasmen
Spasmen

asmus
Enthusiasmus
Marasmus
Orgasmus
Pleonasmus
Sarkasmus
Spasmus

aspel
Gehaspel
Geraspel

Haspel
Paspel
Raspel

aspeln
haspeln
Paspeln
Raspeln
verhaspeln
(siehe ***aspel***)

asse
Asse
Barkasse
Brasse
Gasse
Grimasse
hasse
Hintersasse
Insasse
Kalebasse
Kasse
Klasse
Masse
Melasse
Passe
Pinasse
Rasse
Tasse
Terrasse
Trasse

ässe
(siehe ***esse***)

assel
Assel
Gemassel
Geprassel
Gequassel
Gerassel
Massel
quassel
Rassel
Schlamassel
vermassel
(siehe ***asseln***)

asseln
prasseln
quasseln
rasseln
vermasseln

assen
auslassen
befassen
einlassen
erblassen
Erlassen
fassen
  anfassen
  erfassen

umfassen	*asser*	unvergesslich
zusammen-	Anlasser	vergesslich
fassen	blasser	verlässlich
Gassen	Hasser	
gelassen	nasser	*assung*
hassen	Prasser	Anpassung
lassen	Verfasser	Entlassung
anlassen	Wasser	Fassung
entlassen		Niederlassung
hinterlassen	*ässer*	Unterlassung
unterlassen	(siehe *esser*)	Verfassung
passen		Vermassung
anpassen	*ässig*	
verpassen	Essig	*a:st/a:ßt*
prassen	gehässig	ihr blast
schassen	lässig	last
verfassen	unablässig	saßt
verlassen	undurchlässig	vergaßt
vermassen	unzulässig	vergast
verprassen	unzuverlässig	verglast
(siehe *as*,	zulässig	(siehe *asen*,
asse)	zuverlässig	*aßen*)
ässen	*ässlich*	*ast*
(siehe *essen*)	blässlich	Ast
	grässlich	Ballast
assend	hässlich	Bast
hassend	lässlich	Bombast
passend	unerlässlich	Enthusiast
umfassend	unpässlich	erblasst
(siehe *assen*)	unermesslich	fast

Das Reimlexikon

Gast	***aste***	***ästen***
gehasst	Aste	(siehe ***esten***)
gefasst	fasste	
gepasst	Kaste	***aster***
geprasst	Paste	Alabaster
Glast	(siehe ***asten***)	Aster
Gymnasiast	prasste (siehe	Desaster
Hast	***assen, ast***)	Dreimaster
hast	Quaste	Kataster
Knast	Taste	Knaster
Kontrast		Kritikaster
lasst	***äste***	Laster
Last	(siehe ***este***)	Laster
Mast		Pflaster
Morast	***asten***	Piaster
Palast	belasten	Pilaster
Phantast	betasten	Raster
Quast	damasten	Taster
rast	entlasten	verpasster
Rast	fassten	Zaster
verfasst	Fasten	(siehe ***ast***)
verhasst	fasten	
verpasst	hasten	***astern***
verprasst	Kasten	alabastern
(siehe ***assen,***	Kasten	Astern
asten)	lasten	klabastern
	Lasten	knastern
äst	rasten	Lastern
(siehe ***est***)	tasten	pflastern
	(siehe ***assen, ast,***	(siehe
	aste)	***aster***)

astik
Drastik
Fantastik
Gymnastik
Plastik
Scholastik

astisch
bombastisch
drastisch
ekklesiastisch
elastisch
enthusiastisch
fantastisch
plastisch
pleonastisch
sarkastisch
scholastisch
spastisch

at
Achat
Advokat
Aggregat
Agnat
akkurat
Akrobat
Allopath
Apparat
Aristokrat
Asiat

Attentat
Autokrat
Automat
Bad
bat
Brokat
Bürokrat
delikat
Demokrat
Deputat
Destillat
Dezernat
Diktat
Diplomat
Draht
Duplikat
Elaborat
Fabrikat
fad
Format
gerad
Gnad'
Grad
Granat
Grat
Homöopath
Inkarnat
Inserat
Internat
Kamerad
Kandidat

Karat
Kastrat
Kemenat'
Konglomerat
Konkordat
Konkubinat
Konsulat
lad
Legat
Maat
Magistrat
Magnat
Mahd
Majorat
malad'
Mandat
Moritat
Muskat
Naht
Notariat
obligat
obstinat
Ornat
parat
Passat
Pastorat
Patriarchat
Patronat
Pensionat
Pfad
Pirat

Das Reimlexikon

Plagiat	spat (spät)	Admiralität
Plakat	Spinat	Aktualität
Potentat	Staat	Bestialität
Prädikat	stad	Duplizität
Prälat	Sublimat	Elastizität
Präparat	Surrogat	Elektrizität
Primat	Tat	Extremität
privat	Telepath	Fakultät
probat	Traktat	Formalität
Proletariat	Triumvirat	Genialität
Protektorat	Verrat	Humanität
Psychopath	Vorrat	Identität
Quadrat	Zitat	Individualität
rabiat	Zitronat	Intensität
Rad	Zölibat	Intimität
Rat	(siehe **ade, aden,**	Kalamität
Referat	**ate, aten**)	Kapazität
Rektorat		Kollegialität
Renegat	**ät**	Kuriosität
Resultat	aufgebläht	Majestät
Saat	berät	Mentalität
saht	brät	Moralität
Salat	Diät	Musikalität
schad	gemäht	Originalität
Schrat	genäht	Parität
Sekretariat	Gerät	Pietät
Senat	gerät	Popularität
Skat	(wie) gesät	Pubertät
Soldat	kräht	Qualität
Spagat	spät	Quantität
Spat	…tät	Realität

Rivalität
Schwulität
Souveränität
Trivialität
Universität
Virtuosität
Vitalität
tête-à-tête
verschmäht
zugenäht
(siehe *ähen,
äten*)

ate
Fermate
Granate
Grate
Kantate
Kate
Kemenate
nahte
Oblate
obligate
Ornate
Pate
Rate
Sonate
Staate
Tomate
wate
(siehe *at, aten*)

äte
Drähte
Geräte
Gräte
jäte (siehe *ähen,
äten*)
mähte (siehe
ähen, äten)
Nähte
Räte
Städte

aten
betraten
durchwaten
erbaten
Braten
braten
Daten
drahten
Dukaten
geraten
Katen
missraten
nahten
Paten
Penaten
raten
entraten
beraten
erraten

Rätselraten
skaten
Taten
verbaten (sich)
vertraten
verraten
waten
(siehe *at, ate*)

äten
bäten
Diäten
jäten
mähten
Raritäten
Räten
Städten
täten
träten
verspäten
(siehe *ähen, ät,
äte*)

ater
Alma mater
Berater
Frater
Kater
Krater
Mater
Pater

Das Reimlexikon

Prater	*ätig/ch*	demokratisch
privater	grätig	diplomatisch
Rater	hochkarätig	dramatisch
Skater	jät ich	ekstatisch
Theater	tätig	emphatisch
Vater	unflätig	erratisch
(siehe *at*)	vorrätig	fanatisch
	wohltätig	klimatisch
äter	(siehe *äten*)	mathematisch
Äther		morganatisch
Attentäter	*atik*	phlegmatisch
aufgeblähter	Akrobatik	pneumatisch
Missetäter	Batik	pragmatisch
Sanitäter	Diplomatik	quadratisch
später	Dogmatik	rheumatisch
Städter	Dramatik	schematisch
Täter	Pneumatik	soldatisch
Übeltäter	Problematik	statisch
Väter	Statik	sympathisch
Verräter	Systematik	symptomatisch
(siehe *ät*)		systematisch
	atisch	telepathisch
atet	apathisch	traumatisch
batet	aristokratisch	
drahtet!	aromatisch	*ator*
nahtet	asiatisch	Alligator
ratet!	asthmatisch	Diktator
skatet	autokratisch	Elevator
verratet	automatisch	Imperator
(siehe	bürokratisch	Inspirator
aten)	chromatisch	Inszenator

Plagiator
Präparator
Reformator
Restaurator
Salvator
Transformator
Triumphator
Usurpator

a:tsch
Knatsch
Latsch
latsch
Tratsch
tratsch
(siehe ***a:tschen***)

atsch
Kladderadatsch
Klatsch
Matsch
patsch!
Quatsch
quatsch
ritsch-ratsch!
(siehe ***atschen***)

a:tsche
Bratsche
Geknatsche
Gelatsche

Gepratsche
Getratsche
Latsche
latsche
tratsche
Watsche
(siehe ***a:tschen***)

atsche
beim Klatsche
Fliegenklatsche
Geklatsche
Gepatsche
Gequatsche
Klatsche
klatsche
Matsche
Patsche
ratsche
(siehe ***atschen***)

a:tschen
Bratschen
Flatschen
latschen
Latschen
pratschen
tratschen
Watschen
(siehe
    a:tsche)

atschen
klatschen
Klatschen
matschen
patschen
Patschen
quatschen
ratschen
verklatschen
(siehe
    atsche)

att
(findet) statt
anstatt
Blatt
Debatt'
gestatt'
glatt
Goliath
hat
hatt'
matt
Nimmersatt
platt
Platt
Rabatt
satt
Stadt
Statt
statt

Das Reimlexikon

Watt	**atten**	**ätter**
(siehe *atte*)	abstatten	Blätter
	begatten	Plätter
ätt	beschatten	
(siehe *ett*)	bestatten	**attern**
	blatten	ergattern
atte	ermatten	flattern
Debatte	erstatten	glatter'n (siehe
ermatte	gatten	*att*)
Fregatte	gestatten	knattern
Gatte	hatten	matter'n (siehe
glatte	matten	*att*)
Kasematte	Platten	rattern
Krawatte	Schatten	schnattern
Latte	(siehe *att, atte*)	vergattern
Matte		
Mulatte	**ätten**	**attung**
Patte	(siehe *etten*)	Begattung
Platte		Berichterstattung
Rabatte	**atter**	Beschattung
Ratte	Berichterstatter	Bestattung
Satte	Bestatter	Ermattung
Watte	Blatter	Erstattung
(siehe *att, atten*)	Gatter	Gattung
	Geknatter	
ätte	Geratter	**atum**
(siehe *ette*)	Geschnatter	Datum
	Gevatter	Fatum
attel	glatter	post Christum
Dattel	matter	natum
Sattel	Natter	Ultimatum

atz
Besatz
Bodensatz
Ersatz
Fratz
Geschmatz
Hatz
Latz
Matz
Hosenmatz
Katz'
kratz
Platz
plitz-platz!
Rabatz
Ratz
Satz
Schatz
Schmatz
Schwatz
Spatz
Untersatz
(siehe ***atze***,
   atzen)

ätz
(siehe ***etz***)

atze
Fratze
Geschmatze
Geschwatze
Glatze
Katze
Matratze
Ratze
schwatze
Spatze
Tatze
(siehe ***atz, atzen***)

ätze
(siehe ***etze***)

atzen
Batzen
kratzen
patzen
platzen
Pratzen
schatzen
schmatzen
Schmatzen
schwatzen
Tatzen
verpatzen
(siehe ***atz, atze***)

ätzen
(siehe ***etzen***)

atzer
Besatzer
Kratzer
   Wolkenkratzer

atzung
Besatzung
Satzung
Schatzung

ätzt
(siehe ***etzt***)

ä-um
Jubiläum
Athenäum

au
au!
Au
Bau
   Gemüsebau
   Körperbau
   Tagebau
   Unterbau
blau
Blau
flau
Frau
Gau
genau

Das Reimlexikon

grau	Laub	klauben
Kabeljau	Raub	rauben
Kotau	Staub	ausrauben
lau	taub	berauben
mau	Verlaub	schnauben
miau!	(siehe *auben*)	schrauben
Pfau		abschrauben
Radau	*aube*	anschrauben
rau	Daube	verschrauben
Sau	Glaube	stauben
Schau	Aberglaube	verstauben
Modenschau	Gespenster-	tauben
Truppenschau	glaube	Trauben
Vogelschau	Kinderglaube	(siehe *aube*)
Wochenschau	Haube	
schlau	Laube	*äuben*
Stau	Gartenlaube	bestäuben
Tau	Schaube	betäuben
Verhau	Schraube	stäuben
wau-wau!	Steuerschraube	sträuben
ich schau	Taube	zerstäuben
schau!	Friedenstaube	
trau'	Traube	*auber*
vertrau!	(siehe *aub,*	Klauber
(siehe *auen*)	*auben*)	sauber
		Tauber
äu	*auben*	tauber
(siehe *eu*)	belauben	Zauber
	erlauben	
aub	Glauben	*aubern*
glaub	glauben	saubern

den Taubern
zaubern
(siehe *auber*)

aubt
belaubt
erlaubt (siehe
  auben)
geschraubt
glaubt (siehe
  auben)
Haupt
  Bergeshaupt
  Menschenhaupt
  Oberhaupt
schraubt (siehe
  auben)
überhaupt
unerlaubt
verschraubt
  (siehe *auben*)
verstaubt (siehe
  auben)

aubten
behaupten
enthaupten
geraubten
klaubten
(siehe *auben*,
  aubt)

auch
auch
Bauch
Brauch
Gauch
Gebrauch
Hauch
Lauch
Rauch
rauch
Schlauch
Strauch
Verbrauch
(siehe *auchen*)

äuch
(siehe *euch*)

auche
Jauche
Bauche
Strauche
stauche
(siehe *auch*,
  auchen)

äuche
(siehe *euche*)

auchen
brauchen

gebrauchen
verbrauchen
fauchen
anfauchen
hauchen
anhauchen
verhauchen
jauchen
krauchen
rauchen
schlauchen
schmauchen
stauchen
tauchen
auftauchen
untertauchen
verstauchen

aucher
Raucher
Straucher
Taucher
Verbraucher

äuchern
räuchern
Sträuchern

auchig/ch
bauchig
jauchig

Das Reimlexikon

rauchig
brauch ich
tauch ich
(siehe *auchen*)

äude
(siehe *eude*)

auder
Geplauder
Schauder

audern
plaudern
schaudern
zaudern

aue
Aue
ins Blaue
Braue
Haue
Klaue
Naue
schaue
(siehe *au*, *auen*)
  äue
(siehe *eue*)

auen
abflauen

Auen
bauen
behauen
betrauen
blauen
brauen
ergrauen
Frauen
Grauen
grauen
hauen
  abhauen
  verhauen
  zerhauen
kauen
klauen
krauen
miauen
Morgengrauen
rauen
schauen
  anschauen
  beschauen
  hinschauen
stauen
trauen
getrauen
misstrauen
vertrauen
verdauen
versauen

verstauen
Vertrauen
  (siehe *au*, *aue*)

äuen
(siehe *euen*)

auer
Bauer
Vogelbauer
Beschauer
Brauer
Dauer
Gassenhauer
Hauer
Knochenhauer
Lauer
Mauer
sauer
Schauer
Tower
Trauer

äuer
(siehe *euer*)

auern
Bauern
dauern
bedauern
im genauern

kauern
lauern
mauern
  vermauern
  zumauern
sauern
schauern
  erschauern
schlauern
trauern
  betrauern
verbauern
versauern
(siehe *au, auer*)

auf
auf
  darauf
  drauf
  herauf
  hinauf
Gelauf
Gerauf
Geschnauf
Glück auf!
Kauf
  Verkauf
Knauf
Lauf (siehe
  aufen)
  Dauerlauf

Flintenlauf
Hindernislauf
Hinterlauf
Lebenslauf
Oberlauf (eines
  Flusses)
Vorderlauf
Verlauf
zuhauf

aufe
Gelaufe
Geraufe
Geschnaufe
laufe
Raufe
Schlaufe
Taufe
Traufe
(siehe ***aufen***)

äufe
häufe
Käufe
Läufe
  Flintenläufe
  Hindernisläufe
  Hinterläufe (des
    Hasen)
  Lebensläufe
  Vorderläufe

  Wasserläufe
Teufe
ich teufe
ich träufe (veral-
  tet für träufle)
Verkäufe
Verläufe
(siehe ***äufen***)

äufel
Geträufel
Häufel
ich häufel
Teufel
ich träufel

aufen
belaufen
besaufen
hin- und her-
  laufen
kaufen
  einkaufen
  verkaufen
laufen
raufen
die Raufen (Fut-
  terkrippen)
saufen
schnaufen
taufen

Das Reimlexikon

verlaufen	*auge*	ich jaul
versaufen	Auge	Knaul
verschnaufen	Lauge	Kraul
(siehe *aufe*)	sauge	Maul
	tauge	Leckermaul
äufen	(siehe *augen*)	Lügenmaul
anhäufen		Plappermaul
ersäufen	*äuge*	(siehe *aulen*)
häufen	(siehe *euge*)	
Käufen		*aule*
Läufen	*äugen*	Faule
träufen	(siehe *eugen*)	ich graule
überhäufen		(siehe *aul,*
(siehe *äufe*)	*auk*	*aulen*)
	Klamauk	
äufer	ich pauk	*äule*
Käufer	Rabauk'	(siehe *eule*)
Läufer		
Säufer	*auke*	*aulen*
Täufer	Mauke	Faulen
Überläufer	Pauke	faulen
Verkäufer	Rabauke	verfaulen
		graulen
äufig/ch	*aukel*	vergraulen
geläufig	ich gaukel	jaulen
häufig	Gegaukel	kraulen
läufig	Schaukel	maulen
ersäuf ich		(siehe *aul*)
häuf ich	*aul*	
(siehe	faul	*äulen*
äufen)	Gaul	(siehe *eulen*)

aulich	***aume***	säumen (nähen)
baulich	Baume	säumen (warten)
beschaulich	geraume	schäumen
erbaulich	Pflaume	aufschäumen
fraulich	Raume	umsäumen
graulich	(siehe ***aum***)	versäumen
traulich		verschäumen
verdaulich	***äume***	träumen
vertraulich	Bäume	Träumen
	Räume	zäumen
äulich/g	Säume	aufzäumen
(siehe ***eulich***)	Träume	(siehe ***äume***)
	Zäume	
aum		***äumer***
Baum	***aumel***	Möbelräumer
Purzelbaum	Gebaumel	Säumer
Tannenbaum	Taumel	Träumer
Weihnachts-		
baum	***aumen***	***aun***
Flaum	anberaumen	abgehaun
geraum	Daumen	Alaun
kaum	Gaumen	braun
Raum	Pflaumen	Clown
Erdensraum		down
Himmelsraum	***äumen***	Faun
Zwischenraum	aufbäumen	Frau'n
Saum	Bäumen	Geraun
Schaum	räumen	Kapaun
Traum	abräumen	schaun
Liebestraum	aufräumen	traun!
Zaum	einräumen	Vertraun

Das Reimlexikon

Zaun
(siehe *au,*
 auen)

aune
Alraune
braune
Daune
Geraune
Kaldaune
Kartaune
Laune
Posaune
Zaune
(siehe *aun*)

äune
(siehe *eune*)

aunen
ausposaunen
bestaunen
braunen
Daunen
Erstaunen
erstaunen
Kapaunen
raunen
staunen
(siehe *aun,*
 aune)

auner
abgehau'ner
Brauner
Gauner
Rauner

aunt
ausposaunt
erstaunt
gut gelaunt
raunt
staunt
(siehe *aunen*)

aunzen
maunzen
raunzen

aupe
Graupe
Raupe
Staupe

aupt
(siehe *aubt*)

äupt
(siehe *äubt*)

äure
(siehe *eure*)

aurig
schaurig
traurig

aus/auß
Applaus
aus
 daraus
 heraus
 hinaus
 überaus
 voraus
 woraus
 beschau's!
Braus
 in Saus und
 Braus
Daus
 ei der Daus!
drauß'
Flaus
Garaus
Gebraus
Graus
Haus
 Gartenhaus
 Sommerhaus
 Warenhaus
des Himmelblaus
kraus
Laus

Maus
  Fledermaus
  Mickymaus
Reißaus
Schmaus
Strauß
zu Haus
(siehe *au, auen*)

äus
(siehe *eus*)

ausch
Bausch
Flausch
lausch
plausch
Rausch
Tausch
(siehe *auschen*)

auschen
bauschen
belauschen
berauschen
erlauschen
lauschen
plauschen
rauschen
tauschen
verrauschen

vertauschen
(siehe *ausche*)

äuschen
enttäuschen
Geräuschen
die Keuschen
täuschen

auscht
aufgebauscht
berauscht
lauscht
rauscht
verrauscht
vertauscht
(siehe *auschen*)

ause
Banause
Brause
Flause
Gebrause
Gesause
Geschmause
Gezause
Jause
Kartause
Klause
Krause
Pause

schmause
zu Hause
(siehe *aus, ausen*)

äuse
(siehe *euse*)

äuseln
kräuseln
säuseln

ausen
Brausen
brausen
aufbrausen
erbrausen
Flausen
Grausen
grausen
hausen
jausen
krausen
lausen
mausen
pausen
Sausen
  Ohrensausen
  Windessausen
sausen
schmausen
verschmausen

zausen
zerzausen
(siehe *ause*)

ausend
potztausend
tausend
brausend
hausend
schmausend
(siehe *ausen*)

auser
Geknauser
Knauser
krauser
Lauser
Mauser
Sauser

aust
Faust
graust (siehe
  auen, ausen)
er haust
du haust (siehe
  auen, ausen)
schaust
schmaust
verlaust
zerzaust

aut
abgeflaut
Aeronaut
Argonaut
bebaut
betaut
betraut
Braut
ergraut
Haut
Knockout
Kraut
Laut
laut
maut
taut
traut
versaut
vertraut
zerkaut
(siehe
  auen)

aute
baute
Flaute
laute
Laute
Raute
taute
Traute

Vertraute
(siehe *auen*, *aut*)

äute
(siehe *eute*)

auten
Argonauten
Flauten
Getrauten
lauten
(siehe *aut*, *aute*)

äuten
(siehe *euten*)

auter
ergrauter
Klabauter
Krauter
lauter
Vertrauter
(siehe *aut*)

äuter
(siehe *euter*)

autsch
autsch!
Couch

auung
Bebauung
Beschauung
Betrauung
Erbauung
Stauung
Trauung
Verdauung

auz
bauz!
graut's (siehe
  auen, aut)
Kauz
Krauts
pardauz!
plauz!
schnauz
schon taut's
  (siehe *auen,
  aut*)
(siehe *auzen*)

äuzchen
Käuzchen
Schnäuzchen

auze
Kauze
Plauze
ich plauze

Schnauze
schnauze

av
(siehe *af*)

ave
Enklave
Exklave
Oktave
Sklave
Zuave

ax, axe, axt
(siehe *achs,
  achse, achst*)

E

e
Abbé
Abc
ade!
Allee
allez!
Aloe
Armee
Atelier
Attaché
Baiser
Bankier
BGB
Budget
Café
Chaussee
Chicorée
Collier
Conférencier
Coupé
Couplet
Croupier
Dekolleté
Diner
Dreh
Effet
Entree
Exposé

Das Reimlexikon

Fee	Reh	Hebe
Feh	Renommee	ich hebe
Filet	Rentier	Rebe
Frikassee	Resümee	Schwebe
Gelee	Rommé	Strebe
Hautevolee	Roué	(siehe *eben*)
herrje!	Schnee	
Hotelier	See	***ebel***
Idee	Separée	Hebel
je	Soiree	Knebel
juchhe!	Souper	Nebel
Kaffee	in spe	
Kanapee	steh	***ebeln***
Karree	Tee	benebeln
Klee	Tournee	Hebeln
Klischee	Varieté	knebeln
Komitee	Weh	Knebeln
Lee	weh	vernebeln
Livree	Zeh	
Matinee	geh!	***eben***
Metier	(siehe	Beben
Moschee	*eben*)	Erbeben
nee!		beben
Negligé	***eb***	erbeben
ojemine!	Cape	sich begeben
Orchidee	leb (siehe	eben
Plissee	*eben*)	soeben
Portier	Reep	ergeben
Premier		geben
Protegé	***ebe***	abgeben
Püree	Gewebe	aufgeben

172

begeben	entschweben	Lebens
eingeben	Streben	Strebens
ergeben	Bestreben	vergebens
hingeben	streben	zeitlebens
umgeben	erstreben	(siehe
vergeben	widerstreben	*eben*)
zugeben	untergeben	
gegeben	(siehe *ebe*)	*eber*
abgegeben		Eber
aufgegeben	***ebend***	Geber
eingegeben	bebend	Heber
zugegeben	belebend	Kleber
heben	entschwebend	Leber
abheben	erbebend	Streber
aufheben	erhebend	Treber
beheben	herzerhebend	Weber
erheben	klebend	
verheben	lebend	***ebig/ch***
kleben	schwebend	langlebig
ankleben	strebend	leb ich
bekleben	widerstrebend	vierhebig
verkleben		zielstrebig
Leben	***ebende***	(siehe ***eben***)
leben	Belebende	
beleben	Gebende	***eblich/g***
erleben	Strebende	angeblich
verleben	(siehe ***ebend***)	erheblich
neben		unerheblich
daneben	***ebens***	neblig
Reben	erleben's	überheblich
schweben	erstreben's	vergeblich

Das Reimlexikon

ebne
Ebne
ich ebne
Gegebne
Untergebne
(siehe *eben*)

ebnis
Begebnis
Ergebnis
Erlebnis

ebs
erleb's (siehe
 eben)
geb's (siehe
 eben)
Krebs

ebst
lebst
nebst
strebst
(siehe *eben*)

ebung
Belebung
Bestrebung
Ergebung
Erhebung
Hebung

Strebung
Umgebung
Vergebung

ech
Blech
brech
frech
Pech
stech
(siehe *echen*)

eche
Bäche
besteche
Bleche
Fläche
freche
räche
Schwäche
Zeche
(siehe *echen*)

echeln
(siehe *ächeln*)

echen
Bächen
bestechen
blechen
brechen

aufbrechen
einbrechen
unterbrechen
zerbrechen
erfrechen
Flächen
Gebrechen
rächen
radebrechen
Rechen
sprechen
 besprechen
Stechen
stechen
schwächen
Verbrechen
Versprechen
zechen
Zechen
(siehe *ech*)

echer
Becher
Brecher
…brecher
 Bahnbrecher
 Ehebrecher
 Einbrecher
 Wellenbrecher
Dächer
Fächer

Kupferstecher
Sprecher
Stecher
Rächer
Silbenstecher
schwächer
Verbrecher

echern
bechern
blechern
Sprechern
(siehe *echer*)

echlich
(siehe
 ächlich)

echs/ecks
ex
Fex
Flecks
Gebäcks
Gewächs
Hex'
Klecks
Komplex
Konnex
konvex
perplex
Reflex

rex
Schrecks
sechs
Sex
(siehe *eck,*
 echsen)

echse/eckse
Echse
Fexe
fexe
Flechse
Hexe
Kleckse
sechse
(siehe *echs,*
 echsen)

echsel/ecksel
drechsel
Gedrechsel
Häcksel
Wechsel

echsen/ecksen
Echsen
fexen
hexen
klecksen
Komplexen
zu sechsen

(siehe *echs,*
 echse)

echst/eckst
behext
bekleckst
hext
kleckst
schreckst
Text
verhext
verkleckst
zu sechst
(siehe *echsen,*
 ecken)

echt
bezecht
dächt'
echt
fecht
Gefecht
Geflecht
Gemächt
gerächt
gerecht
Geschlecht
geschwächt
Hecht
Knecht
kunstgerecht

Das Reimlexikon

mundgerecht	flechten	***echtung***
Recht	Flechten	Knechtung
Menschenrecht	knechten	Verflechtung
Völkerrecht	Mächten	
recht	rächten	***echung***
regelrecht	rechten	Besprechung
schlecht	schlechten	Bestechung
Specht	verfechten	Brechung
zu Recht	verflechten	Entsprechung
(siehe ***echen,***	(siehe ***echt***)	Heiligsprechung
echten)		Unterbrechung
	echter	Versprechung
echte	Fechter	
brächte	Säbelfechter	***echzen***
dächte	Spiegelfechter	(siehe ***ächzen***)
Flechte	Flechter	
Gemächte	Gelächter	***eck***
Knechte	gerächter	Besteck
Mächte	Gerechter	Deck
Nächte	Pächter	Dreck
Rechte	Schächter	Eck
Schächte	Verächter	Fleck
zechte	Verfechter	Fräck'
(siehe ***echt,***	Wächter (siehe	Gebäck
echten)	***echt***)	Geck
		Gedeck
echten	***echtigen***	Gepäck
ächten	(siehe ***ächtigen***)	Heck
brächten		hinweg
dächten	***echtlich***	keck
fechten	(siehe ***ächtlich***)	Leck

leck	Schecke	recken
meck-meck!	Schnecke	schlecken
Neck	Strecke	schmecken
Reck	Wecke	Schrecken
Säck'	Zecke	schrecken
Scheck	(siehe *eck,*	abschrecken
Schneck	*ecken*)	erschrecken
Schreck		Stecken
schreck'	*eckel*	stecken
Speck	Deckel	abstecken
Treck	Teckel	verstecken
Verdeck		strecken
Versteck	*ecken*	erstrecken
Weck	anecken	niederstrecken
weg	anstecken	verdrecken
Zweck	Becken	verrecken
(siehe *ecken*)	beflecken	verstecken
	blecken	vollstrecken
eckchen	decken	wecken
Deckchen	bedecken	(siehe *eck*, *ecke*)
Eckchen	entdecken	
Fleckchen	verdecken	*ecker*
	Ecken	Äcker
ecke	Flecken	Bäcker
Decke	Hecken	Doppeldecker
Ecke	hecken	Entdecker
erschrecke	aushecken	Erwecker
Hecke	klecken (geräusch-	Geklecker
der Kecke	voll fallen)	Gemecker
Quecke	lecken	Geschlecker
Recke	necken	kecker

Das Reimlexikon

lecker	*eckt*	verdreckt
Lecker	Affekt	versteckt
Schlecker	angesteckt	vollstreckt
Stecker	Architekt	(siehe *ecken*)
Trecker	Aspekt	
Vollstrecker	aufgereckt	*eckte*
Wecker	aufgeschreckt	Kollekte
(siehe *eck*)	aufgeweckt	Prospekte
	bedeckt	schreckte
eckern	befleckt	Sekte
Entdeckern	besteckt	(siehe *ecken,*
kleckern	Defekt	*eckt*)
lecker'n	Dialekt	
meckern	direkt	*eckten*
schleckern	Effekt	Architekten
	erschreckt	deckten
eckig/ch	gedeckt	Effekten
dreckig	gescheckt	(siehe *ecken,*
eckig	gesteckt	*eckt*)
fleckig	geweckt	
hartnäckig	Insekt	*eckung*
leck ich	Intellekt	Auferweckung
pausbäckig	Konfekt	Bedeckung
scheckig	neckt	Befleckung
speckig	Objekt	Deckung
(siehe *ecken*)	Präfekt	Entdeckung
	Prospekt	Erweckung
ecks	Respekt	Kopfbedeckung
(siehe *echs*)	Sekt	Vollstreckung
	Subjekt	
	suspekt	

ede
befehde
Fehde
Gerede
jede
jedwede
rede
Rede
Reede
Schwede
stante pede
Widerrede
(siehe *eden*)

edel
edel
Wedel

eden
anreden
befehden
bereden
Eden
Fehden
reden
überreden
(siehe *ede*)

eder
entweder
Feder

jeder
jedweder
Katheder
Leder
Reeder
weder
Zeder

edig/ch
ledig
Venedig

edigen
entledigen
erledigen
ledigen
predigen

edigt
er entledigt
   (sich)
erledigt
Predigt
predigt
(siehe *edigen*)

eff
Betreff
Chef
aus dem Effeff

Reff
Relief
Treff

effe
Neffe
ich reffe
treffe
(siehe *effen*)

effen
äffen
kläffen
Neffen
reffen
treffen
   antreffen
   übertreffen
Treffen

effer
Pfeffer
Treffer

eft
er äfft
Geschäft
Heft
kläfft
trefft
(siehe *effen*)

Das Reimlexikon

eften
(siehe *äften*)

eftig
deftig
heftig

eftigen
(siehe *äftigen*)

eg
Beleg
heg'
Kolleg
leg'
Privileg
Steg
Weg
(siehe *egen*)

ege
Belege
Gehege
Kollege
Pflege
rege
überlege
zuwege
(siehe *eg, egen*)

egel
Egel
Flegel
Kegel
kregel (gesund)
Pegel
Regel
Schlegel
Segel

egeln
flegeln
kegeln
regeln
Regeln
segeln
(siehe *egel*)

egen
allerwegen
Degen
entlegen
fegen
gegen
dagegen
entgegen
hingegen
gelegen
angelegen
ungelegen
hegen

Kollegen
legen
belegen
(etwas) verle-
gen
zerlegen
zulegen
pflegen
regen
anregen
erregen
Regen
Segen
den Stegen
überlegen
unterlegen
verlegen
verwegen
wegen
deswegen
meinetwegen
weswegen
widerlegen
(siehe *eg, ege*)

egend
erregend
fegend
Gegend
überlegend
(siehe *egen*)

eger
Bierverleger
Buchverleger
Erreger
Feger
Heger
Kartenleger
Minenleger
Neger
Pfleger
reger
Verleger

eglich
beweglich
jeglich
pfleglich
unbeweglich
unwiderleglich

egnen
begegnen
entgegnen
regnen
segnen
Unterlegnen
Verwegnen
(siehe *egen*)

egner
entlegner

Gegner
verwegner
(siehe *egen*)

egnung
Begegnung
Entgegnung
Segnung

egs
keineswegs
des Kollegs
leg's
unterwegs
(siehe *eg,*
egen)

egt
angeregt
(gut) aufgelegt
aufgeregt
bewegt
erregt
gefegt
gepflegt
 ungepflegt
hegt
überlegt
unüberlegt
unentwegt
(siehe *egen*)

egung
Belegung
Bewegung
Erregung
Handbewegung
Hegung
Regung
Seelenregung
Überlegung
Verpflegung
Zerlegung

ehe
ehe
Ehe
gehe
Rehe
Schlehe
sehe
wehe!
Wehe
Zehe
(siehe *ehen*)

ehen
Alleen
andrehen
angesehen
Ansehen
Aufsehen
begehen

Das Reimlexikon

drehen	sich unterstehen	**ehung**
andrehen	sich vergehen	Auferstehung
aufdrehen	Vergehen	Begehung
beidrehen	sich versehen	Drehung
Einsehen	(irren)	Entstehung
flehen	versehen (mit	Verdrehung
anflehen	etwas)	Verwehung
Geschehen	Verstehen	
gehen	wehen	**ei**
eingehen	verwehen	Abtei
entgehen	vorüberwehen	Akelei
hintergehen	Wiedersehen	Arz(e)nei
übergehen	Wohlergehen	Bai
untergehen	Zehen	Bastei
vergehen	(siehe *e,*	bei
Lehen	*ehe*)	anbei
sehen		dabei
absehen	**ehends**	herbei
ansehen	durchgehends	hierbei
besehen	zusehends	vorbei
einsehen		wobei
nachsehen	**eher**	Blei
versehen	Amtsvorsteher	Brei
wiedersehen	Dreher	bye, bye!
stehen	eher	drei
bestehen	Geher	Ei
entstehen	Geisterseher	entzwei
nachstehen	Seher	…frei
überstehen	Steher	einwandfrei
widerstehen	Verdreher	sorgenfrei
unbesehen	Wortverdreher	vogelfrei

Gedeih	Lobhudelei	Papagei
Geschrei	Lümmelei	Partei
Geweih	Mäkelei	Polizei
juchhei!	Metzelei	…rei
Hai	Mogelei	Abgötterei
Kai	Pinselei	Alberei
Kanzlei	Prügelei	Aufschneiderei
Kartei	Rüpelei	Bäckerei
Konterfei	Schmeichelei	Barbarei
Lakai	Schmuggelei	Betrügerei
Lorelei	Schnäbelei	Bildhauerei
…lei	Schwindelei	Brennerei
Anpöbelei	Spöttelei	Druckerei
Bettelei	Stichelei	Effekthascherei
Deutelei	Sudelei	Falschmünzerei
Dudelei	Tändelei	Färberei
Eifersüchtelei	Teufelei	Faulenzerei
Einsiedelei	Tölpelei	Fischerei
Eselei	Trödelei	Försterei
Faselei	Windbeutelei	Fresserei
Fiedelei	…lei (Art)	Frömmelei
Flegelei	allerlei	Gärtnerei
Frömmelei	dreierlei	Gaunerei
Gaukelei	einerlei	Hauerei
Gaunerei	mancherlei	Hexerei
Grübelei	vielerlei	Jägerei
Heuchelei	zweierlei	Juristerei
Hochstapelei	Litanei	Keilerei
Kraxelei	Mai	Ketzerei
Künstelei	Nackedei	Kinderei
Liebelei	Narretei	Klatscherei

Das Reimlexikon

Klexerei	Schinderei	Zauberei
Klimperei	Schlägerei	Ziererei
Knauserei	Schlemmerei	Sakristei
Kocherei	Schmauserei	Salbei
Konditorei	Schmuserei	Schalmei
Kriecherei	Schneiderei	Schlei
Lauferei	Schnitzerei	schrei'
Leckerei	Schreiberei	Schrei
Liebhaberei	Schreinerei	Es sei!
Lumperei	Schufterei	Staffelei
Malerei	Schulmeisterei	Tyrannei
Meierei	Schurkerei	Verleih
Meuterei	Schwärmerei	Vogtei
Molkerei	Schweinerei	Weih
Möncherei	Schwelgerei	Wüstenei
Näscherei	Sklaverei	zwei
Neckerei	Sophisterei	(siehe **eien**)
Pfuscherei	Spielerei	
Plackerei	Spinnerei	**eib**
Prahlerei	Spitzbüberei	bleib
Prasserei	Stänkerei	Laib
Prellerei	Stickerei	Leib
Quälerei	Streiterei	Verbleib
Raserei	Veräterei	Weib
Rauferei	Vielweiberei	Zeitvertreib
Reederei	Vielwisserei	(siehe **eiben**)
Reimerei	Völlerei	
Reiterei	Wäscherei	**eibe**
Sämerei	Wichtigtuerei	beileibe!
Schäkerei	Wühlerei	Bleibe
Schererei	Zänkerei	Eibe

Geschreibe
Laibe
Leibe
reibe
Reibe
Scheibe
(siehe *eib*,
   eiben)

eiben
beweiben
bleiben
  unterbleiben
  verbleiben
  zurückbleiben
einverleiben
entleiben
reiben
Reiben
schreiben
  beschreiben
  unterschreiben
  verschreiben
Schreiben
treiben
  betreiben
  hintertreiben
  übertreiben
  vertreiben
Treiben
  Faschings-

treiben
  Kesseltreiben
(siehe
  eibe)

eiber
Kleiber
Leiber
Schreiber
Treiber
Weiber
(siehe *eib*)

eiblich
leiblich
unausbleiblich
unbeschreiblich
weiblich

eibsel
Geschreibsel
Überbleibsel

eibung
Beschreibung
Einverleibung
Entleibung
Hintertreibung
Reibung
Schreibung
Umschreibung

Verschreibung
Vertreibung

eich
Bereich
bleich
Deich
Geseich
gleich
  deckungsgleich
  engelgleich
  zugleich
  sogleich
Laich
reich
...reich
  folgenreich
  kinderreich
  segensreich
  wasserreich
Reich
Scheich
Streich
  Backenstreich
  Bubenstreich
  Zapfenstreich
Teich
Vergleich
weich

eiche
Bleiche
Blindschleiche
Eiche
engelsgleiche
Leiche
schleiche
Speiche
Weiche
(siehe *eich*,
 eichen)

eichel
Eichel
Geschmeichel
Gestreichel
Speichel

eichen
bleichen
das Breichen
erbleichen
eichen
eindeichen
einweichen
erweichen
gleichen
 vergleichen
 gleichen
 desgleichen
 ohnegleichen

sondergleichen
laichen
reichen
erreichen
Reichen
schleichen
Speichen
streichen
anstreichen
bestreichen
unterstreichen
verstreichen
Zeichen
Fragezeichen
Lebenszeichen
Lesezeichen
(siehe *ei, eich,*
 eiche)

eicher
bleicher
Fußabstreicher
gleicher
Gleicher
Reicher
Schleicher
Seicher
Speicher
Streicher
(siehe
 eich)

eichern
bereichern
Schleichern
speichern
Speichern
Streichern
(siehe *eicher*)

eichlich
reichlich
unausweichlich
unvergleichlich
unzureichlich
weichlich

eichnis
Gleichnis
Verzeichnis

eicht
eingedeicht
gebleicht
geeicht
gelaicht
leicht
schleicht
seicht
unerreicht
vergleicht
(siehe
 eichen)

eichte
Beichte
ich erbleichte
leichte
(siehe ***eichen, eicht***)

eichung
Eichung
Erreichung
Erweichung
Gleichung
Streichung
Überreichung
Unterstreichung
Vergleichung

eid
(siehe ***eit***)

eide
beide
Degenscheide
der Heide
die Heide
Eingeweide
Geschmeide
Getreide
Kleide
Kreide
leide

Scheide
Schneide
Seide
Weide
Wetterscheide
(siehe ***eit, eiden***)

eiden
ankreiden
beeiden
sich bescheiden
bescheiden
unbescheiden
den Eiden
entscheiden
erleiden
Heiden
kleiden
   ankleiden
   bekleiden
   entkleiden
   verkleiden
Leiden
die Maiden
meiden
neiden
Scheiden
schneiden
   beschneiden
   verschneiden
   zerschneiden

Seiden
unterscheiden
verleiden
vermeiden
verscheiden
weiden
(siehe ***eit, eide***)

eider
beider
Beutelschneider
Halsabschneider
Hungerleider
Kleider
leider
Neider
Schneider

eidig/ch
geschmeidig
kreidig
leid ich (siehe
   eiden)
leidig
meineidig
mitleidig
schneidig
seidig
wehleidig
zweischneidig

Das Reimlexikon

eidigen
beleidigen
leidigen
schneidigen
vereidigen
verteidigen
(siehe
  eidig)

eidigung
Beleidigung
Vereidigung
Verteidigung

eidlich
eidlich
leidlich
unleidlich
unvermeidlich
weidlich

eidung
Beeidung
Bekleidung
Beschneidung
Entkleidung
Entscheidung
Kleidung
Scheidung
Überschneidung
Unterscheidung

Verkleidung
Vermeidung

eie
Freie
Haie
Kleie
Laie
im Maie
Reihe
Schleie
weihe
Weihe
(siehe *ei, eien*)

eien
befreien
benedeien
entzweien
feien
freien
gedeihen
angedeihen
  (lassen)
kasteien
konterfeien
leihen
  beleihen
  entleihen
  verleihen
Lakaien

maien
prophezeien
Reihen
  aneinander
  reihen
aufreihen
schneien
schreien
anschreien
beschreien
verschreien
seihen
seien
speien
vermaledeien
verzeihen
weihen
Weihen
entweihen
zeihen
zwein
(siehe *ei*, *eie*)

eiend
befreiend
feuerspeiend
himmelschreiend
schreiend
seiend
verzeihend
(siehe *eien*)

eier
Bayer
Befreier
Biedermeier
Dreier
Eier
Feier
freier
Freier
Geier
Geleier
Leier
Meier
Reiher
Schleier
Schreier
Verleiher
Wasserspeier
Weiher
Zweier
(siehe ***ei***)

eiern
bleiern
Eiern
entschleiern
feiern
Feiern
lackmeiern
leiern
verschleiern

(siehe ***ei,
eier***)

eif
Gekeif
Greif
kneif
reif
Reif
Schweif
steif
Streif
Unterschleif
(siehe ***eifen***)

eife
begreife
Gekeife
Gepfeife
Pfeife
Reife
Schleife
Seife
Streife
(siehe ***eif, eifen***)

eifen
abschleifen
abstreifen
ausschweifen
einseifen

greifen
angreifen
begreifen
ergreifen
vergreifen
den Greifen
keifen
kneifen
abkneifen
auskneifen
verkneifen
pfeifen
Pfeifen
Reifen
schleifen
schweifen
steifen
streifen
Streifen
verpfeifen
versteifen
(siehe ***eif, eife***)

eifend
ergreifend
pfeifend
schweifend
(siehe ***eifen***)

eifer
Angreifer

Eifer	*eig*	geigen
Geifer	feig	leibeigen
Greifer	Fingerzeig	neigen
Kneifer	Gezweig	verneigen
Pfeifer	steig	zuneigen
Schleifer	Steig	Reigen
reifer	Bürgersteig	schweigen
steifer	Felsensteig	verschweigen
(siehe *eif*)	Teig	Schweigen
	Zweig	steigen
eifern	(siehe *eigen*)	absteigen
Angreifern		ansteigen
eifern	*eige*	aussteigen
ereifern	Anzeige	besteigen
geifern	feige	einsteigen
den Pfeifern	Feige	ersteigen
reifer'n	Geige	versteigen
(siehe *eifer*)	Gezweige	zusteigen
	Neige	Steigen
eifig/ch	schweige	verzweigen
greif ich	Steige	zeigen
seifig	Zweige	bezeigen
streifig	(siehe *eig,*	Zweigen
weitschweifig	*eigen*)	(siehe *eig, eige*)
(siehe		
eifen)	*eigen*	*eiger*
	abzweigen	Bergbesteiger
eifung	anzeigen	feiger
Bereifung	eigen	Geiger
Ergreifung	zu Eigen	Lokalanzeiger
Schleifung	Feigen	Schweiger

Steiger
Zeiger

eigern
Geigern
steigern
versteigern
verweigern
weigern
Zeigern
(siehe **eiger**)

eigerung
Steigerung
Versteigerung
Weigerung

eigung
Besteigung
    Erstbesteigung
Bezeigung
Ersteigung
Neigung
Steigung
Verneigung
Verzweigung
Zuneigung

eihe
(siehe **eien**)

eihung
(siehe **eiung**)

eil
Beil
in Eil'
feil
    wohlfeil
geil
heil'
Heil
    Seelenheil
Keil
Pfeil
Seil
steil
Teil
    Abteil
    Gegenteil
    Gewinnanteil
    Hinterteil
    Vorurteil
weil
…weil
    alldieweil
    alleweil
    dieweil
Weil'
(siehe **eile, eilen**)

eiland
Eiland
Freiland
Heiland
weiland

eilbar
heilbar
teilbar

eilchen
Seilchen
Teilchen
Veilchen
Weilchen
Zeilchen

eile
Eile
    Windeseile
Feile
heile
Keile
Meile
mittlerweile
Pfeile
Weile
    Langeweile
Zeile
(siehe **eil**, **eilen**)

eilen	***eiler***	***eils***
eilen	Keiler	Pfeils
beeilen	Meiler	teil's
enteilen	Pfeiler	teils
ereilen	Seiler	einesteils
feilen	steiler	größtenteils
heilen	Teiler	meistenteils
verheilen	Verteiler	weil's
keilen	Weiler	(siehe ***eil, eilen***)
einkeilen	wohlfeiler	
verkeilen	(siehe ***eil***)	***eilung***
Meilen		Abteilung
peilen	***eilich/g***	Heilung
anpeilen	eilig	Peilung
Pfeilen	einstweilig	Teilung
seilen	freilich	Übereilung
abseilen	gedeihlich	Verteilung
anseilen	gegenteilig	
teilen	heilig	***eim***
erteilen	parteilich	beim
verteilen	polizeilich	Feim
zuteilen	unverzeihlich	geheim
weilen	verzeihlich	insgeheim
verweilen		Heim
...weilen	***eiligen***	Keim
bisweilen	beteiligen	leim
einstweilen	eiligen	Leim
zuweilen	heiligen	Reim
(siehe ***eil, eile***)	(siehe ***eilig***)	Schleim
		Seim
		(siehe ***eimen***)

eimen
Feimen
Keimen
leimen
reimen
verschleimen
(siehe ***eim***)

ein
allein
Bein
  Elfenbein
  Nasenbein
  Schlüsselbein
  Überbein
dein
drein
ein
…ein
  darein
  herein
  hinein
  querfeldein
fein
Gebein
gemein
  allgemein
  handgemein
  insgemein
  ungemein
  hundsgemein

Gestein
Hain
Freund Hein
kein
Kinderei'n
klein
Latein
…lein
  Bäuerlein
  Kämmerlein
  Mütterlein
  Schneiderlein
  Töchterlein
  Vögelein
mein
Pein
Seelenpein
Rain
rein
Rhein
Schein
  Abendschein
  Augenschein
  Dämmerschein
  Lampenschein
  Mondenschein
  Sonnenschein
  Sternenschein
  Widerschein
  Führerschein
  Totenschein

Schrein
  Totenschrein
Schwein
  Stachelschwein
das Sein
  Glücklichsein
  Müdesein
  Seligsein
  Tätigsein
sein
Stein
  Edelstein
  Gallenstein
  Nierenstein
  Wackerstein
überein (-kommen)
Verein
weih'n
Wein
Zipperlein
zu zwein
(siehe ***ei, eien, einen***)

eind
(siehe ***eint***)

einde
Gemeinde
Feinde
ich verfeinde

Das Reimlexikon

einden
eingemeinden
Feinden
Gemeinden
verfeinden

eine
eine
Beine
Deine
Feine
Gemeine
Haine
keine
Kleine
Leine
Raine
Reine
Scheine
weine
(siehe *ein,*
  einen)

einen
Deinen
einen
  vereinen
Einen
greinen
keinen
leinen

Leinen
meinen
Meinen
den Rainen
im Reinen
scheinen
  bescheinen
  erscheinen
seinen
verneinen
versteinen
weinen
  beweinen
(siehe *ein*)

einer
Anrainer
einer
Einer
Heiner
keiner
kleiner
Lateiner
Verneiner
Vierbeiner
(siehe *ein*)

einern
beinern
die gemeiner'n
(siehe *ein*)

steinern
verallgemeinern
verfeinern
versteinern
zerkleinern

einert
verallgemeinert
verfeinert
versteinert
zerkleinert

einerung
Verallgemeine-
  rung
Verfeinerung
Versteinerung
Zerkleinerung

eines
Beines
Feines
Haines
keines
Raines
(voll süßen)
  Weines
(siehe *ein*)

einheit
Allgemeinheit

Einheit
Feinheit
Gemeinheit
Reinheit

einig/ch
alleinig
bockbeinig
einig
fadenscheinig
langbeinig
uneinig
steinig
wein' ich
(siehe ***einen***)

einige
Deinige
einige
Meinige
peinige
Seinige
steinige
(siehe ***einig,***
   einigen)

einigen
bereinigen
bescheinigen
die einigen
einigen

Meinigen
reinigen
steinigen
vereinigen
(siehe ***einig,***
   einige)

einigung
Bescheinigung
Einigung
Peinigung
Reinigung
Steinigung
Vereinigung

einlich
augenscheinlich
kleinlich
peinlich
reinlich
wahrscheinlich
unwahrscheinlich

eins
Einmaleins
eins
Hains
keins
mein's
Rains
Scheins

(siehe ***ein,***
   einen)

einsam
einsam
gemeinsam

einst
einst
weinst
(siehe ***einen***)

eint
beweint
feind
Feind
greint
gut gemeint
vereint
versteint
verweint
(siehe ***einen***)

eint (äng)
(siehe ***ain***)

einung
Beweinung
Erscheinung
Meinung
Verneinung

Das Reimlexikon

eirat
Beirat
Heirat
Kanzleirat

eis/eiß
Beweis
Edelweiß
Eis
Erweis
Fleiß
Gegleiß
Geheiß
Geiß
Geleis
Geschmeiß
Gleis
Gneis
Greis
heiß
Jubelgreis
Kreis
   Jahreskreis
   Wendekreis
   Zauberkreis
Mais
Naseweis
Paradeis
Preis
   Ehrenpreis
   Siegerpreis

Reis
Schweiß
sei's
so sei's!
solcherweis
Speis
Steiß
Tattergreis
Verschleiß
Verweis
verzeih's
verreis
weis
   (machen)
weiß

eisch
Fleisch
Gekreisch
ich heisch'
kreisch'
Maisch
(siehe ***eischen***)

eischen
erheischen
heischen
kreischen
maischen

eischt
eingefleischt
erheischt
kreischt
(siehe
   eischen)

eise
Ameise
Eise
Geleise
leise
Meise
reise
Reise
   Auslandsreise
   Hochzeitsreise
   Sommerreise
Schneise
Speise
   Götterspeise
   Himmelsspeise
   Kinderspeise
Waise
Weise
   Arbeitsweise
   Handlungs-
     weise
   Lebensweise
   …weise
     dummerweise

solcherweise
stellenweise
der Weise
(siehe **eis, eisen**)

eiße
beiße
Edelweiße
Fleiße
(siehe **eis**,
   eißen)

eisel
Geisel
Kreisel
Weisel

eißel
Geißel
Meißel

eisen/aisen
Eisen
entgleisen
kreisen
  einkreisen
  umkreisen
leisen
preisen
  lobpreisen
reisen

verreisen
speisen
verspeisen
vereisen
vergreisen
weisen
abweisen
anweisen
beweisen
überweisen
unterweisen
verweisen
Weisen
(siehe **eis**)

eißen
befleißen
beißen
verbeißen
zerbeißen
entsteißen
gleißen
den Geißen
heißen
kreißen
reißen
  abreißen
  aufreißen
  hinreißen
  umreißen
  zerreißen

schleißen
verschleißen
zerschleißen
schmeißen
hinschmeißen
verschmeißen
zerschmeißen
schweißen
verheißen
weißen
(siehe **eis**)

eisend
beweisend
kreisend
preisend
weisend
richtung-
  weisend
verweisend
(siehe **eisen**)

eißend
beißend
gleißend
glückverheißend
reißend
(siehe **eißen**)

eisende

Beweisende
Lobpreisende
Reisende
Speisende
(siehe *eisen*)

eißende
Gleißende
Glückver-
  heißende
reißende
(siehe *eißen*)

eiser/aiser
heiser
naseweiser
Reiser
weiser
Weiser
Weltbereiser
(siehe *eis,*
  eise)

eißer
Beißer
Bullenbeißer
heißer
Hosenscheißer
Possenreißer
Reißer
Schweißer

weißer
(siehe *eis*)

eisern
eisern
leisern
Reisern
Wegweisern
(siehe *eise, eiser*)

eißern
heißern
weißern
Possenreißern
Schweißern
(siehe *eiß, eißer*)

eisig/ch
doppelgleisig
eisig
reis ich
Reisig
speis ich
Zeisig
(siehe *eisen*)

eißig/ch
bärbeißig
beiß ich
dreißig
fleißig

schweißig
(siehe *eißen*)

eislich
erweislich
preislich
weislich
wohlweislich

eist/eißt
beißt
dreist
entgleist
feist
Geist
geschweißt
meist
speist
vereist
vergreist
verreist
verschweißt
verwaist
verzeihst
weißt
weitgereist
zugereist
zumeist
(siehe *eien,*
  eisen, eißen)

eiste/eißte
dreiste
erdreiste
Geiste
leiste
Leiste
meiste
schweißte
speiste
verreiste
(siehe *eisen,*
  eißen, eist,
  eisten)

eisten/eißten
erdreisten
kreisten
leisten
Leisten
meisten
schweißten
weitgereisten
(siehe *eisen,*
  eißen, eist)

eister
feister
Kleister
koppheister
Meister
  Bürgermeister

Kellermeister
Kerkermeister
Geister
zugereister
(siehe *eist*)

eistern
begeistern
geistern
Geistern
kleistern
meistern
Meistern
(siehe *eister*)

eistert
begeistert
entgeistert
geistert
meistert
verkleistert
(siehe *eistern*)

eisung
Lobpreisung
Speisung
Überweisung
Umkreisung
Unterweisung
Vergreisung
Weisung

eißung
Schweißung
Verheißung
Zerreißung

eit
all right!
bereit
benedeit
bereit
Bescheid
breit
Copyright
Eid
entzweit
gefeit
Geleit
Geschmeid'
...heit
  Abwesenheit
  Angelegenheit
  Befangenheit
  Belesenheit
  Bescheidenheit
  Besonderheit
  Besonnenheit
  Christenheit
  Dunkelheit
  Durchtrieben-
    heit
  Einzelheit

Das Reimlexikon

Gegebenheit	Frömmigkeit	Kleid
Gelegenheit	Geistlichkeit	leid
Sicherheit	Gelehrsamkeit	Leid
Verborgenheit	Genauigkeit	Maid
Verbundenheit	Gerechtigkeit	Neid
Vergangenheit	Geschicklichkeit	Scheit
Verlegenheit	Geschwindigkeit	Schneid
Verlogenheit	Gewissenhaftig-	schneit
Vermessenheit	keit	schreit
Zufriedenheit	Gottlosigkeit	ihr seid
insonderheit	Heiligkeit	seit
…keit	Heiterkeit	Streit
Artigkeit	Heilligkeit	vermaledeit
Bangigkeit	Herrlichkeit	verschneit
Behändigkeit	Kleinigkeit	Waid
Bequemlichkeit	Leichtigkeit	weit
Beständigkeit	Müdigkeit	Zeit
Billigkeit	Neuigkeit	…zeit
Dämlichkeit	Nichtigkeit	jederzeit
Dreistigkeit	Persönlichkeit	seinerzeit
Einigkeit	Sauberkeit	zu zweit
Einsamkeit	Schlechtigkeit	(siehe *eien,*
Eitelkeit	Schnelligkeit	*eiden, eiten*)
Emsigkeit	Schuldigkeit	
Ewigkeit	Schwierigkeit	*eite*
Fertigkeit	Sorglosigkeit	begleite
Festigkeit	Sprödigkeit	beiseite
Feuchtigkeit	Unendlichkeit	Breite
Findigkeit	Vertraulichkeit	Freite
Flüssigkeit	meine Wenigkeit	ich freite
	Zwistigkeit	Geleite

Haaresbreite
pleite
Pleite
Saite
Seite
Streite
Weite
zweite
(siehe **eien, eit, eiten**)

eitel
Beitel
eitel
Scheitel

eiteln
die eiteln
scheiteln
den Scheiteln
vereiteln

eiten
ausbreiten
beizeiten
bereiten
　vorbereiten
bestreiten
sie freiten
Gezeiten
gleiten

entgleiten
vorübergleiten
leiten
geleiten
verleiten
Persönlichkeiten
reiten
Saiten
schreiten
beschreiten
einschreiten
überschreiten
streiten
bestreiten
verbreiten
weiten
ausweiten
Weiten
zuzeiten
(siehe **eien, eit, eite**)

eiter
Außenseiter
Begleiter
Bereiter
Blitzableiter
breiter
Eiter
Gefreiter
heiter

Leiter
Reiter
　Herrenreiter
　Paragraphen-
　reiter
　Prinzipienreiter
　Sonntagsreiter
　Spitzenreiter
Streiter
Wegbereiter
zweiter
(siehe **eit**)

eitern
eitern
erheitern
erweitern
einen gescheitern
Leitern
scheitern
verbreitern
des Weitern
(siehe **eit, eiter**)

eiterung
Eiterung
Erheiterung
Erweiterung
Verbreiterung
Weiterung

eitet
abgeleitet
ausgeweitet
verbreitet
weitverbreitet
(siehe ***eiten***)

eitig/ch
anderweitig
doppelseitig
streit ich
streitig
unstreitig
zeitig
(siehe ***eiten***)

eitlich
einheitlich
freiheitlich
hochzeitlich
obrigkeitlich
seitlich
zeitlich

eits
(siehe ***eiz***)

eitung
Aufarbeitung
Ausarbeitung
Begleitung
Bereitung
Leitung
Hochleitung
Überleitung
Verbreitung
Vorbereitung
Weitung
Zeitung
Zubereitung

eiung
Aneinanderreihung
Befreiung
Beleihung
Benedeiung
Entweihung
Entzweiung
Kasteiung
Parteiung
Prophezeiung
Verleihung
Verzeihung

eiz
bereits
Geiz
nichts Gescheits
Gespreiz
Reiz
Schweiz
seid's

...seits
allerseits
beiderseits
ihrerseits
des Streits
(siehe ***eit***)

eizen
beizen
geizen
heizen
reizen
spreizen
Weizen

eizend
beizend
reizend
(siehe ***eizen***)

eizer
Heizer
Schweizer

eizung
Heizung
Reizung
Spreizung

e:k
Beefsteak

Bibliothek
Hypothek
Kartothek
Pinakothek

e:ke
Apotheke
Kopeke
Scharteke
Theke

e:kel
Ekel
Gerekel
Menetekel

e:keln
ekeln
rekeln

ekt, ekte, ekten
(siehe *eckt,*
 eckte, eckten)

ektisch
dialektisch
ekklektisch
hektisch

ektor
Detektor

Direktor
Hektor
Inspektor
Korrektor
Lektor
Protektor
Rektor
Sektor

el
Achsel

e:l
Archipel
Befehl
Cocktail
Fehl
fidel
Hehl
Israel
Juwel
Kamel
Kaneel
Krakeel
Mehl
Paneel
parallel
scheel
meiner Seel!
ich verhehl
(siehe *elen*)

elbe
derselbe
Elbe
gelbe

elber
gelber
selber

elch
Elch
Kelch
welch

eld
(siehe *elt*)

elde
Felde
Gelde
melde
die Melde
   (Pflanze)
(siehe *elt*)

elder
Felder
Gelder
Melder

Das Reimlexikon

e:le	empfehlend	selig
Befehle	krakeelend	...selig
(ohne) Fehle	schwelend	armselig
Garnele	(siehe ***elen***)	glückselig
Kehle		holdselig
krakeele	***eler***	leutselig
Makrele	Fehler	mühselig
Parallele	fideler	redselig
Seele	Hehler	unselig
(siehe ***el, elen***)	Krakeeler	unausstehlich
	paralleler	unwiderstehlich
elen	scheeler	
befehlen	Stehler	***eling***
beseelen		Drehling
empfehlen	***elf***	Reling
entseelen	Behelf	
fehlen	elf	***elk***
verfehlen	Elf	welk
hehlen		
Juwelen	***elfen***	***elke***
krakeelen	zu elfen	melke
Parallelen	Elfen	Nelke
schwelen	helfen	eine welke
stehlen		ich welke
bestehlen	***elgen***	
verhehlen	Felgen	***ell***
(siehe ***elen, ele***)	schwelgen	aktuell
		Appell
elend	***elich/g***	Aquarell
befehlend	kehlig	Bordell
beseelend	mehlig	Duell

204

eventuell	rationell	Forelle
Fell	Rebell	Frikadelle
finanziell	reell	Gazelle
formell	Rondell	Gefälle
Gebell	schnell	das Helle
gell	sensationell	Karavelle
generell	sexuell	Kelle
Gesell	Skalpell	Lamelle
Gestell	speziell	Libelle
grell	ich stell	Mirabelle
hell	die Stell	Novelle
Hotel	universell	Originelle
ideell	Zeremoniell	Parzelle
individuell	(siehe *ellen*)	Pelle
intellektuell		prelle
Karussell	***ellchen***	Quelle
Kartell	Fellchen	Sardelle
Kastell	Gestellchen	Schelle
konventionell	Kapellchen	Schnelle
kriminell	den Kelchen	Schwelle
Kuratel	selchen	Ställe
Mamsell	welchen	Stelle
materiell	(siehe *ell, elle,*	Tabelle
Modell	*elch*)	Welle
Motel		Zelle
Naturell	***elle***	Zitadelle
offiziell	Bagatelle	(siehe *ell, ellen*)
Pastell	Bälle	
Pedell	Delle	***ellen***
potenziell	Elle	anheimstellen
Quell	Fälle	anstellen

Das Reimlexikon

aufhellen	***eller***	Erhellung
den Bällen	Besteller	Prellung
bellen	Eller	Schwellung
bestellen	Heller	Stellung
entstellen	Keller	Verstellung
erhellen	Muskateller	Zusammenstel-
fällen	Preller	lung
gellen	Propeller	Zustellung
gesellen	reeller	
Gesellen	Teller	***elm***
herstellen	Weichensteller	Helm
pellen	(siehe ***ell***)	Schelm
prellen		
quellen	***ells, ellt***	***els***
schellen	(siehe ***els, elt***)	Fels
schnellen		des Quells
schwellen	***ellig***	stell's
stellen	anstellig	Wels
abstellen	dickfellig	(siehe ***ell***, ***ellen***)
aufstellen	einhellig	
hinstellen	gesellig	***e:lt***
zustellen	schellig	beseelt
unterstellen	unterschwellig	empfehlt
vergällen	wellig	entseelt
verstellen		krakeelt
wellen	***ellt***	verfehlt
zerschellen	(siehe ***elt***)	(siehe ***elen***)
Zellen		
(siehe ***ell, elle***)	***ellung***	***elt***
	Bestellung	angestellt
	Entstellung	anheimgestellt

behält	*elte*	Zelter
Belt	gälte	(siehe *elt*)
bestellt	Kälte	
Entgelt	es schellte	*eltern*
entstellt	Schelte	ältern
erhält	Zelte	Behältern
erhellt	(siehe *ellen, elt,*	Eltern
fällt	*elten*)	kältern
Feld		keltern
gefällt	*elten*	Vergeltern
Geld	ällten	(siehe *elter*)
geprellt	entgelten	
geschwellt	erkälten	*eltlich*
gesellt	gelten	(siehe *ältlich*)
gestellt	schelten	
gewellt	selten	*elung*
hält	stellten	Beseelung
Held	vergällten	Empfehlung
prellt	vergelten	Verfehlung
unterhält	Welten	
vergällt	zelten	*elz*
verstellt	(siehe *ellen, elt*)	befällt's
Welt		behält's
wiederhergestellt	*elter*	entfällt's
Zelt	älter	Entgelts
(siehe *ellen*)	Behälter	erhält's
	geschwellter	gält's
e:lte	kälter	Gott vergelt's
schwelte	Kelter	Pelz
verfehlte	vergällter	Schmelz
(siehe *elen, e:lt*)	Vergelter	stellt's

Das Reimlexikon

elze
Pelze
Schmelze
Stelze
wälze
(siehe *elzen*)

e:m
angenehm
bequem
dem
...dem
  außerdem
  ehedem
  indem
  nachdem
  seitdem
  vordem
  zudem
Diadem
Ekzem
Emblem
Extrem
Lehm
nehm
Ödem
Poem
Problem
System
Theorem
(siehe *e:men*)

e:ma
Schema
Thema

emd
(siehe *emmt*)

e:me
Feme
Bequeme
Extreme
(siehe *em*, *emen*)

e:men
Benehmen
bequemen
extremen
nehmen
  abnehmen
  aufnehmen
  entnehmen
  hinnehmen
  unternehmen
  vernehmen
Problemen
Schemen
Unternehmen
verfemen
Vernehmen
(siehe *em*)

e:mer
Arbeitnehmer
bequemer
Unternehmer
(siehe *em*)

e:misch
akademisch
chemisch
epidemisch
polemisch

emme
Gemme
Kaschemme
Klemme
Memme
schlemme
Schwemme
(siehe
  emmen)

emmen
dämmen
hemmen
kämmen
klemmen
Memmen
schlämmen
schlemmen
Schwämmen

schwemmen	Tempeln	fotogen
(siehe *emme*)	(siehe *empel*)	heterogen
		homogen
emmt	***emse***	Mäzen
aufgeschwemmt	Bremse	Phänomen
eingeklemmt	Emse	schizophren
eingedämmt	Gemse	Silen
fremd	Themse	telegen
gehemmt		zehn
gekämmt	***emsen***	(siehe *eben*)
geschlämmt	bremsen	
Hemd	Gemsen	***end***
schlemmt	(siehe *emse*)	(siehe *ent*)
verklemmt		
(siehe *emmen*)	***emung***	***ende***
	Anbequemung	Agende
empe	Unternehmung	Bände
Krempe	Verfemung	behände
Plempe	Vernehmung	Blende
		Dividende
empel	***e:mut***	Ende
Exempel	Demut	fände
Gerempel	Wehmut	Gelände
Krempel		Legende
Stempel	***en***	Lende
Tempel	Arsen	Spende
	Athen	(siehe *enden*)
empeln	den	
anrempeln	endogen	***endel***
krempeln	exogen	Bändel
stempeln	flehn	ich bändel

Das Reimlexikon

Getändel	Spender	*endung*
Händel	Tender	Blendung
Lavendel	Verschwender	Endung
Pendel	Vollender	Pfändung
Quendel	Sechzehnender	Schändung
	Ständer	Sendung
enden		Verblendung
sie bänden	*endern*	Verschwendung
Bewenden	ändern	Verwendung
blenden	Bändern	Vollendung
empfänden	Ländern	Wendung
enden	schlendern	
fänden	Sendern	*e:ne*
schänden	umrändern	Hygiene
Spenden	Verschwendern	jene
sie ständen	(siehe *ender*)	Lehne
Wänden		notabene
wenden	*endig*	Phänomene
(siehe *ende*)	(siehe *ändig*)	Sarazene
		Sehne
ender	*endigen*	ich sehne (mich)
Bänder	(siehe *ändigen*)	Sirene
Blender		Szene
Geländer	*endler*	(siehe *en*,
Gewänder	(siehe *ändler*)	*enen*)
Kalender		
Länder	*endlich*	*enen*
Marketender	(siehe *enntlich*)	belehnen
Pfänder	*ends*	dehnen
Ränder	(siehe *enz*)	denen
Sender		entlehnen

jenen	Länge	krengen
lehnen	Menge	mengen
Mäzenen	Senge	Mengen (siehe
Szenen	Stränge	*enge*)
(siehe *en, ene*)	Strenge	sängen
	zwänge	sengen
ener	(siehe *engen*)	sprengen
jener		zersprengen
Nazarener	*engel*	zwängen
schizophrener	Bengel	
Zehner	Dengel	*enger*
(siehe *en*)	drängel	(siehe *änger*)
	Engel	
eng	Gedrängel	*englig/ch*
eng	Gequengel	(siehe *änglich*)
Gedräng	Mängel	
häng	quengel	*engst*
säng'	Schwengel	drängst
spreng	Sprengel	Hengst
streng	Stängel	längst
(siehe *engen*)		mengst
	engen	(siehe *engen*)
enge	anstrengen	
bedränge	beengen	*engung*
der enge	drängen	Anstrengung
Enge	engen	Beengung
Gänge	Gängen	Bedrängung
Gehänge	gelängen	Einengung
Gemenge	Gesängen	Krängung
Gesänge	hängen	Sprengung
Gestänge	klängen	Verdrängung

Das Reimlexikon

Verhängung	Gelenke	beschenken
Vermengung	Getränke	beschränken
	Gezänke	einrenken
e:nig/ch	kränke	Gelenken
dehn ich	Kränke	kränken
(siehe *enen*)	Ränke	lenken
sehnig	Schenke	ablenken
wenig	Schränke	einlenken
	Schwänke	hinlenken
enk	Senke	sänken
denk	(siehe *enk,*	schenken
eingedenk	*enken*)	Schenken
gelenk		senken
Gelenk	*enkel*	tränken
Geschenk	Enkel	verrenken
Getränk	Geplänkel	verschränken
Gezänk	Henkel	(siehe *enk*, *enke*)
kränk'	kränkel	
Schenk	plänkel	*enker*
ungelenk	Schenkel	Denker
(siehe *enken*)	Senkel	Henker
	Sprenkel	kränker
enkbar		Lenker
denkbar	*enken*	Schenker
lenkbar	Bänken	Schwenker
versenkbar	Bedenken	Senker
	denken	Stänker
	bedenken	Zänker
enke	erdenken	*enkung*
Bänke	gedenken	Beschränkung
denke	verdenken	Kränkung

Lenkung	(siehe	**enntlich**
Schenkung	**ennen**)	endlich
Schwenkung		ländlich
Senkung	**ennen**	unendlich
Verrenkung	Antennen	erkenntlich
Versenkung	bekennen	kenntlich
	berennen	schändlich
enn	brennen	unkenntlich
brenn'	entbrennen	unabwendlich
denn	verbrennen	verständlich
Gentleman	flennen	
Gerenn	kennen	**enntnis**
Senn	erkennen	Bekenntnis
wenn	verkennen	Erkenntnis
(siehe **ennen**)	nennen	Geständnis
	benennen	Kenntnis
ennbar	ernennen	Unkenntnis
erkennbar	pennen	Verständnis
unnennbar	Rennen	
untrennbar	trennen	**ennts**
unverbrennbar	zertrennen	(siehe **enz**)
unverkennbar	(siehe **enne**)	
		ennung
enne	**ennige**	Nennung
Antenne	die Pfennige	Benennung
Gerenne		Trennung
Henne	**ennlich**	Verbrennung
kenne	unzertrennlich	Verkennung
Penne	**enns, ennst, ennt**	
Senne	(siehe **ens, enst,**	**ens**
Tenne	**ent**)	bekenn's (siehe

Das Reimlexikon

■ 213 ■

***ennen*)**	dekadent	Kontinent
Dispens	Delinquent	Konvent
immens	dezent	korpulent
Nonsens	Dirigent	latent
Pence	Disponent	Medikament
	Dissident	Moment
ense	Dokument	Monument
Sense	Element	Okzident
Trense	eminent	Opponent
	existent	Orient
enst	Experiment	Ornament
Gespenst	Ferment	Parlament
kennst	Firmament	Patent
(siehe ***ennen***)	flennt	Patient
	Fragment	Pergament
enster	Fundament	permanent
Fenster	getrennt	Pigment
Gespenster	immanent	Präsident
	impertinent	Produzent
ent/ännt	indifferent	prominent
Abiturient	indolent	Prozent
Abonnent	insolvent	Referent
abstinent	Inspizient	Regent
Advent	Instrument	Regiment
Agent	intelligent	renitent
Akzent	Klient	Rudiment
Argument	kompetent	Sakrament
Assistent	Kompliment	Segment
Äquivalent	Konkurrent	Sortiment
behend	konsequent	Student
Cent	Konsument	Talent

Temperament	kentern	Impotenz
Testament	Regimentern	Indolenz
transparent	(siehe *ent, enter*)	Influenz
transzendent		Insolvenz
Trend	*entner*	Intelligenz
vehement	Rentner	Jurisprudenz
virulent	Zentner	Karenz
zu End'		kennt's
send	*e:nung*	Kondolenz
(siehe *ende,*	Belehnung	Konkurrenz
end, ennen)	Dehnung	Konsequenz
	Entlehnung	Korpulenz
ent/ang, and,		Korrespondenz
ant	*enz*	Lenz
Divertissement	Abstinenz	Lizenz
Engagement	Assistenz	Parlaments
Reglement	Audienz	Permanenz
	begrenz	Pestilenz
ente	ich bekränz	Quintessenz
Alimente	Dekadenz	Referenz
Ente	Differenz	Reminiszenz
Momente	Eloquenz	Renitenz
er pennte	Eminenz	Residenz
Polente	empfänd's	Resistenz
Rente	end's	ich schwänz
Tangente	entschwänd's	Tendenz
(siehe *ennen,*	Essenz	Transparenz
ent)	Existenz	Turbulenz
	Exzellenz	Vehemenz
entern	Frequenz	Virulenz
entern	Impertinenz	vollends

(siehe **ennen,**
enden, ent,
enzen)

enze
bekränze
Grenze
Kränze
Lenze
Schwänze
Tänze

enzen
begrenzen
bekränzen
ergänzen
Existenzen
glänzen
grenzen
Grenzen
Kränzen
kredenzen
lenzen (siehe **enz**)
Referenzen
schwänzen
Schwänzen

epp
Depp
Handicap
Krepp

Sepp
ich stepp
Stepp
Trepp'
(siehe **eppe, eppen**)

eppe
schleppe
Schleppe
Steppe
Treppe
(siehe **eppen**)

eppen
kreppen
neppen
Schleppen
steppen
Treppen
(siehe **eppe**)

epper
Geschepper
Kidnapper
Klepper
Nepper
Schlepper
Stepper

eppich
schlepp ich

(siehe **eppen**)
Teppich

ept
geneppt
gesteppt
Konzept
Rezept
schleppt
(siehe **eppen**)
verschleppt
(siehe **eppen**)

eptisch
antiseptisch
epileptisch
septisch
skeptisch

er
ich begehr
Begehr
der
er
Gewehr
Heer
her
bisher
einher
nebenher
vorher

woher	***erbe***	***erber***
leer	Erbe	Bewerber
menschenleer	färbe	derber
Meer	Gewerbe	Gerber
mehr	herbe	herber
nimmermehr	Kerbe	Sperber
vielmehr	Scherbe	Verderber
quer	verderbe	Werber
schwer	(siehe ***erb,***	(siehe ***erb***)
tränenschwer	***erben***)	
wolkenschwer		***erblich***
sehr	***erbel***	erblich
Speer	Hyperbel	gewerblich
Teer	Kerbel	sterblich
Verkehr	Scherbel	unsterblich
Verzehr	verscherbel	verderblich
Wehr		
wer	***erben***	***erbt***
Wiederkehr	bewerben	geerbt
(siehe ***eren***)	Erben	sterbt
	erwerben	verderbt
erb	färben	(siehe ***erben***)
derb	gerben	
ich erb' (siehe	kerben	***erbung***
erben)	sterben	Bewerbung
Erwerb	Verderben	Erwerbung
färb	werben	Vererbung
herb	Wettbewerben	Werbung
Verb	(siehe ***erb***, ***erbe***)	
Verderb		***erchen***
Wettbewerb		(siehe ***ärchen***)

Das Reimlexikon

■ 217 ■

erd
(siehe ***e:rt***)

erde
Beschwerde
ich erde
Erde
Herde
Pferde
werde
(siehe ***e:rt, erde***)

ere
Beere
begehre
Ehre
Galeere
Kehre
Konifere
Leere
Lehre
Meere
Quere
Schere
Schwere

e:ren
beehren
Beeren
begehren
bekehren

bescheren
beschweren
ehren
erschweren
Gewehren
kehren
leeren
lehren
mehren
queren
scheren
teeren
verkehren
wehren
zehren
(siehe ***er, ere***)

e:rend
belehrend
entehrend
erschwerend
verheerend
verzehrend

e:rer
Briefbeschwerer
Heimkehrer
leerer (siehe ***er***)
Lehrer
Straßenkehrer
Verehrer

erfen
entnerven
entwerfen
Nerven
schärfen
werfen
über-, unter-,
   verwerfen

erft
entnervt
geschärft
Werft

erge
berge
Berge
Särge
verberge
Zwerge

erie
Arterie
Bakterie
Serie

erien
Arterien
Ferien
Kriterien
(siehe ***um, erie***)

e:risch
ätherisch
cholerisch
esoterisch
homerisch
hysterisch
lutherisch
peripherisch

erk
Augenmerk
Berg
merk
stärk
verberg
Vermerk
Werk
(siehe ***ergen***)

erken
anmerken
bemerken
bestärken
merken
stärken
vermerken
verstärken
Werken
(siehe ***erk***)

erker

Berserker
Erker
Kerker
Merker

erle
Erle
Kerle
Perle

e:rlich
begehrlich
beschwerlich
ehrlich
entbehrlich
schwerlich
verehrlich

ermen
(siehe ***ärmen***)

ern
fern
…fern
  insofern
  inwiefern
  sofern
  wofern
gern
Herrn
intern

Kern
Konzern
lern'
modern
Stern
(siehe ***ernen***)

erne
Ferne
gerne
Kaserne
Kerne
Laterne
lerne
Moderne
Taverne
Zisterne
(siehe ***ern***, ***ernen***)

ernen
entfernen
entkernen
Fernen
lernen
  erlernen
  verlernen
  kennen lernen
Modernen
(siehe ***ern***, ***erne***)

erner

Ferner
Fleckentferner
moderner
(siehe *ern*)

ernst
entfernst
ernst
Ernst
(siehe ***ernen***)

ernte
ich ernte
Ernte
das Gelernte
(siehe ***ernen,***
   ernt)

erre
Geplärre
Gezerre
Parterre
plärre
sperre
Sperre
(siehe ***erren***)

erren
einsperren
Herren
plärren

Sperren
verzerren
zerren

erst
begehrst (siehe
   eren)
erst
zuerst

e:rt
abgekehrt
ausgeschert
ausgezehrt
beehrt
begehrt
bekehrt
beschert
beschwert
bewehrt
ehrt (siehe ***eren***)
entehrt
geehrt
geleert
geteert
Herd
Pferd
Schwert
Wert
…wert
   beachtenswert

bedauernswert
liebenswert
lobenswert
nennenswert
sehenswert
wissenswert
verehrt
verkehrt
versehrt
unversehrt

ert
alert
gesperrt
Konzert
sperrt
versperrt
verzerrt
(siehe ***erren***)

erte
Experte
Gerte
Härte
Konzerte
Offerte
plärrte
sperrte (siehe
   erren, ert)

erten
erhärten
Experten
Gärten
Härten
Konzerten
plärrten
sperrten
verhärten
(siehe *erren,*
 ert, erte)

erter
ein alerter
härter
gesperrter
verzerrter
Wärter

e:rtheit
Begehrtheit
Gelehrtheit
Unversehrtheit
Verkehrtheit

ertig/ch
eilfertig
fertig
gegenwärtig
gewärtig
hoffärtig

plärrt' ich
sperrt' ich
(siehe *erren*)

erz
ich herz
Herz
himmelwärts
Kommerz
März
Nerz
Scherz
Schmerz
Sterz
ich schwärz
versperrt's
(siehe *erren,*
 erzen)

erzen
ausmerzen
herzen
Märzen
scherzen
Schmerzen
schwärzen
verscherzen
verschmerzen

erzlich
herzlich

märzlich
schmerzlich
schwärzlich

erzt
ausgemerzt
beherzt
verscherzt
verschmerzt

esche
Äsche
Bresche
Depesche
Dresche
Esche
fesche
Wäsche

eschen
dreschen
feschen
preschen
verdreschen

escher
Äscher
Drescher
fescher
Häscher
Wäscher

Das Reimlexikon

ese	Humoreske	Kompresse
Askese	das Pittoreske	Kresse
Chinese		Messe
Diözese	*ess*	ich nässe
Exegese	Abszess	Nässe
Lese	Baroness	Noblesse
Prothese	des	Pässe
Synthese	Espress	Presse
These	ess	Raffinesse
(siehe	express	Zypresse
esen)	Exzess	(siehe *ess, essen*)
	indes	
esen	kess	*essel*
auserlesen	Kongress	Fessel
Besen	Mess'	Kessel
Federlesen	Prozess	Nessel
genesen	SOS	Sessel
gewesen	(siehe *esse,*	
lesen	*essen*)	*essen*
ablesen		angemessen
auflesen	*esse*	Bässen
verlesen	Adresse	besessen
vorlesen	Bässe	dessen
Spesen	Blässe	Ermessen
verwesen	Delikatesse	erpressen
Wesen	esse	Essen
	Esse	Fressen
eske	Finesse	indessen
Arabeske	Fresse	kessen
Burleske	Interesse	messen
Freske	kesse	nässen

Pässen	***essor***	Pest
pressen	Aggressor	Podest
unterdessen	Assessor	presst (siehe
verfressen	Professor	***essen***)
vergessen		Protest
vermessen	***essung***	Rest
versessen	Erpressung	Test
wessen	Messung	verlässt
zerfressen	Vermessung	
Zypressen		***este***
(siehe ***ess***, ***esse***)	***e:st***	Äste
	gehst (siehe ***ehen***)	Beste
esser	lest (siehe ***esen***)	Feste
besser	verwest	Gäste
blässer		Geäste
Durchmesser	***est/äst***	Geste
Erpresser	Arrest	mäste
Esser	Asbest	Moräste
Fässer	Attest	nässte
Fresser	durchnässt	Paläste
Gewässer	fest	Proteste
Menschenfresser	bibelfest	teste (siehe ***est***,
Messer	feuerfest	***esten***)
nässer	Fest	Weste
essig	geäst	
(siehe ***ässig***)	gepresst	***esten***
	Inzest	am besten
esslich	lässt	Ästen
(siehe ***ässlich***)	Manifest	Bibelfesten
	nässt	durchnässten
	Nest	Gebresten

Das Reimlexikon

Gesten	Beet	Rakete
Kästen	beredt	Tapete
mästen	ich bet	Trompete
nässten	Dekret	(siehe **e:ben, e:t,**
Palästen	diskret	**e:ten**)
pressten	Gebet	
testen	Interpret	**e:ten**
(siehe **est, este**)	Komet	Athleten
	konkret	beten
ester	Magnet	betreten
mein Bester	Paket	erflehten
Ester	Pamphlet	kneten
fester	Planet	Moneten
Nester	Poet	Musketen
Orchester	Prolet	(siehe **eben, e:t,**
Schwester	Prophet	**e:te**)
Semester	Sekret	
Silvester	stet	**e:ter**
Südwester	verdreht	Barometer
(siehe **est**)	verweht	Beter
	weht	diskreter
estern	(siehe **eben, eten**)	(siehe **et**)
gestern		Geometer
Nestern	**e:te**	Gezeter
Schwestern	Beete	Katheder
	Beete	Leisetreter
e:t	flehte	Meter
Alphabet	Kathete	Salpeter
Asket	knete	Tachometer
Athlet	Muskete	Thermometer
aufgedreht	Pastete	Vertreter

etik
Arithmetik
Ästetik
Athletik
Ethik
Kosmetik
Pathetik
Phonetik
Poetik

ets
(siehe ***ez***)

ett
adrett
Amulett
Ballett
Bankett
Bett
Billett
Brett
  Backbrett
  Hackbrett
  Stein im Brett
Brikett
brünett
Bukett
Duett
Etikett
Fett
Florett

glätt'
Kabarett
Kabinett
Kadett
Klarinett'
Klosett
kokett
komplett
Korsett
Kotelett
Lazarett
Menuett
Omelett
Parkett
rett'
Sextett
Skelett
Sonett
Tablett
violett
(siehe ***ette, etten***)

ette
Amorette
Bankette
bette
Etikette
Gazette
Glätte
Kassette
Kastagnette

Kette
Klarinette
Lorgnette
Manschette
Marionette
Omelette
Palette
Pinzette
Plakette
ich plätte
Plätte
Rosette
Serviette
Silhouette
Stätte
Toilette
Wette
(siehe ***ett, etten***)

etten
betten
Betten
einfetten
glätten
hätten
ketten
plätten
Plätten
retten
Stätten
(siehe ***ett, ette***)

Das Reimlexikon

etter	schwätz	netzen
Bretter	(siehe *ett, etzen*)	petzen
Gekletter		schätzen
Geschmetter	*etze*	abschätzen
Letter	benetze	einschätzen
Retter	Geschwätze	überschätzen
Setter	Gesetze	unterschätzen
Vetter	Hetze	verschätzen
Wetter	Krätze	Schätzen
zerschmetter	Lätze	schwätzen
(siehe *ett*)	Metze	setzen
	Netze	übersetzen
etto	Petze	verletzen
Allegretto	Plätze	wetzen
Getto	Sätze	widersetzen
Libretto	ich schätze	zerfetzen
netto	Schätze	(siehe *etz, etze*)
in petto	Schmätze	
	(siehe *etz, etzen*)	*etzt*
etts		benetzt
(siehe *etz*)	*etzen*	besetzt
	ätzen	entsetzt
etz	besetzen	entwetzt
Balletts	Entsetzen	geätzt
Gehetz	ersetzen	gehetzt
Geschwätz	Fetzen	geschätzt
Gesetz	Gesetzen	gesetzt
hetz	hetzen	jetzt
Netz	sich krätzen	petzt
Petz	letzen (sich laben)	schwätzt
schätz	die Metzen	unterschätzt

veletzt
verätzt
verkrätzt
zuletzt
(siehe *etzen*)

e-um
Kolosseum
Lyzeum
Mausoleum
Museum
Tedeum

eu
Ahoi
Boy
ich dräu'
  (drohen)
freu'
Gebräu
Heu
Konvoi
Leu
Männertreu
neu
Pneu
Reu'
Säu'
Scheu
Spreu
toi, toi, toi!

treu
Treu'
vertäu'
(siehe *euen*)

euch
euch
Gebräuch'
Gekeuch
Gesträuch
(siehe *euche*)

euche
Bäuche
Bräuche
Gebräuche
Gekeuche
Gesträuche
scheuche
Scheuche
Schläuche
Seuche

eucht
aufgescheucht
befeucht'
feucht
Geleucht
verscheucht
(siehe *euche, euchten*)

euchten
deuchten
feuchten
keuchten
leuchten
Leuchten
Wetterleuchten
(siehe *euche, eucht*)

eude
Freude
Gebäude
Räude
vergeude

eue
aufs Neue
betreue
Bläue
dräue (drohe)
erfreue
ich käue (wieder)
Reue
Säue
Schläue
Treue
vertäue
(siehe *eu, euen*)

Das Reimlexikon

euen
betreuen
bläuen
dräuen
   bedräuen
einbleuen
erneuen
freuen
reuen (siehe ***eu***)
Säuen
scheuen (siehe
   eu)
streuen
Treuen (siehe ***eu***)
verbläuen
vertäuen
wiederkäuen
zerstreuen

euer
Abenteuer
Betreuer
euer
Feuer
Gemäuer
heuer
Heuer
neuer (siehe ***eu***)
Scheuer
Steuer
Streuer

teuer
Ungeheuer
Wiederkäuer

euern
anheuern
beteuern
erneuern
feuern
neuern
scheuern
steuern
Steuern
verteuern
(siehe ***eu,***
   euer)

eufe
(siehe ***äufe***)

eufel
(siehe ***äufel***)

euge
beäuge
Beuge
bezeuge
säuge
Zeuge
(siehe
   eugen)

eugen
äugen
beäugen
Beugen
säugen
verbeugen
zeugen
   bezeugen
Zeugen

eule
Beule
Eule
Fäule
Gäule
Geheule
heule
Keule
Säule
(siehe ***eulen***)

eulen
beulen
Beulen
Gäulen
heulen
Säulen
(siehe ***eule***)

eulich
abscheulich

bläulich
erfreulich
gräulich
großmäulig
heul ich (siehe
   eulen)
jungfräulich
neulich
treulich

eun
betreun
erfreun
neun
streun'
(siehe *euen*)

eund
Freund
zu neunt
streunt

eune
alle neune!
Bräune
Scheune
streune
umzäune
Zäune

eure
feure
Säure
teure
ungeheure
(siehe *euer,*
   euern)

eurer
Abenteurer
Erneurer
eurer
kein Getreurer
teurer
ungeheurer

eus
betreu's
Gebäus
Gebräus
Gehäus
Läus'
Mäus'
Pneus
Preuß
vertäu's
Zeus
(siehe *eu, euen*)

euschen
(siehe *äuschen*)

euse
Gehäuse
Läuse
Mäuse
Reuse
Schleuse

eut
keinen Deut
erneut
gescheut
heut
Pharmazeut
Therapeut

eute
bestreute
betreute
bläute
Bräute
deut'
erneute
Geläute
häute
Häute
heute
läute
Leut'
(siehe *euen,*
   euten)

Das Reimlexikon

euten
ausbeuten
bläuten
Bräuten
deuten
dräuten
erbeuten
häuten
Häuten
läuten
Leuten
scheuten
(siehe ***euen,***
  eute)

euter
Bärenhäuter
Deuter
erläuter'
Euter
Kräuter
läuter'
zerstreuter
(siehe ***eut***)

euzen
bekreuzen
durchkreuzen
kreuzen
scheuzen

ex
(siehe ***echs***)

e:z
Beets
Fez
wie geht's
knet's
stets
Trapez
versteht's
(siehe ***eben, et,***
  eten)

I

i
Akademie
Alibi
Amnestie
Anno Domini
Anthologie
Apathie
Aristokratie
Astrologie
Astronomie
Autonomie
Batterie
Bigamie
Biografie
Biologie
Bürokratie
Chemie
Chirurgie
Chronologie
Demokratie
die
Dynastie
Elegie
Empirie
Energie
Epidemie
Esprit
Etui
Fotografie

Galerie	Philosophie	*ich*
Garantie	Poesie	brich
Genie	Polygamie	dich
Geologie	Pornographie	Enterich
Harmonie	Prärie	Gänserich
hie	Regie	glich (siehe
Hierachie	remis	*ichen*)
Hysterie	Schi	ich
Idiotie	Sinfonie	…lich
Industrie	Strategie	abendlich
Ironie	Sympathie	abenteuerlich
Kategorie	Telepathie	adelig
Knie	Theorie	ärgerlich
Kolibri	Therapie	bitterlich
Kolonie	Trilogie	brüderlich
Kompanie	Utopie	ehelich
Kopie	verzieh (siehe	ewiglich
Lethargie	*iehen*)	feierlich
Liturgie	vis-à-vis	flehentlich
Logie	wie	förderlich
Lotterie	Zeremonie	füchterlich
Magie	Zoologie	gelegentlich
Melancholie		heimatlich
Melodie	*i:b*	hinderlich
Monarchie	(siehe *ieb*)	hoffentlich
Monotonie		innerlich
nie	*ibel, iber*	inniglich
Ökonomie	(siehe *iebel,*	jämmerlich
Orthographie	*ieber*)	jugendlich
Parodie		königlich
Philharmonie		kümmerlich

Das Reimlexikon

lächerlich	Strich	veröffentlichen
leserlich	Bogenstrich	den Wüterichen
liederlich	Gedankenstrich	(siehe *ich*)
meisterlich	Tatterich	
monatlich	Wegerich	*icher*
mütterlich	Wüterich	Gekicher
namentlich		meisterlicher
öffentlich	*iche*	sicher
ordentlich	gliche	(siche *ich*)
priesterlich	Liederliche	
säuberlich	Schliche	*ichern*
schauerlich	(siehe *ichen*)	kichern
sicherlich		sichern
sommerlich	*ichel*	versichern
unabänderlich	Gepichel	
untadelig	Gestichel	*ichs*
väterlich	Gestrichel	brich's
veränderlich	Michel	mich's
weihnachtlich	Sichel	versprich's
wesentlich	Stichel	(siehe *echen*)
widerlich		
wissentlich	*ichen*	*ichs/icks*
wunderlich	ausgeglichen	Blicks (siehe *ick*)
zimperlich	erblichen	fix
mich	erschlichen	Geschicks (siehe
Schlich	gewichen	*ick*)
sich	glichen	Knicks (siehe
sprich	schlichen	*ick*)
Stich	verblichen	Kruzifix
Bienenstich	verehelichen	nix
Spatenstich	verewiglichen	Wichs

ichsen/icksen
fixen
knicksen
Knicksen
mixen
Nixen
verwichsen
wichsen

icht
Bericht
besticht
bricht
dicht
erpicht
ficht
flicht
Gedicht
Gericht
Gesicht
Gewicht
Licht
   Dämmerlicht
   Himmelslicht
   Kerzenlicht
   Rampenlicht
nicht
Pflicht
richt
Schicht
schlicht

Sicht
spricht
Unterricht
verficht
Vergissmeinnicht
Verzicht
Wicht
Zuversicht
(siehe ***ichen, ich-
ten***)

ichte
Dichte
Fichte
Gerichte
Geschichte
Nichte
ich pichte
   (klebte)
richte
veröffentlichte
zunichte
(siehe ***icht,
ichten***)

ichten
abrichten
beipflichten
belichten
berichten
dichten

entrichten
Gedichten
lichten
mitnichten
sie pichten
   (klebten)
richten
schichten
schlichten
sichten
unterrichten
vernichten
verrichten
verzichten
(siehe ***icht***)

ichter
Berichter
dichter
Dichter
Richter
schlichter
Schlichter
Trichter
Vernichter
(sieche ***icht***)

ichtig
gewichtig
gichtig
nichtig

pflichtig
richtig
übersichtig
uneinsichtig
wichtig

ichts
angesichts
Habenichts
Lichts
nichts
spricht's
Taugenichts

ichtung
Belichtung
Dichtung
Errichtung
Lichtung
Richtung
Schichtung
Schlichtung
Sichtung
Verdichtung
Vernichtung
Verpflichtung
Verrichtung

ick
Augenblick
Blick

dick
flick
Genick
Geschick
Gig
Knick
Missgeschick
quick
schick
Tick
Trick
Überblick
(siehe *icken*)

icke
Clique
dicke (siehe *ick*)
Ricke
schicke (siehe *ick*)
Wicke
Zicke

ickeln
entwickeln
Karnickeln
Pickeln
prickeln
vernickeln
verwickeln
wickeln
Zwickeln

icken
Blicken
Dicken
erquicken
ersticken
flicken
Flicken
klicken
knicken
nicken
picken
schicken
schnicken
spicken
sticken
stricken
ticken
verdicken
verquicken
zwicken
(siehe *ick,*
     icke)

icker
Beschicker
Kesselflicker
Kicker
Knicker
Sticker
Stricker
Zwicker

ickern
knickern
pickern (essen)
schlickern
  (schwanken)
sickern
(siehe **icker**)

icks
(siehe **ichs**)

ickt
bespickt
Delikt
Distrikt
erquickt
geknickt (siehe
  icken)
geschickt
gestrickt
Konflikt
nickt (siehe
  icken)
Relikt
strikt
verdickt
Verdikt
verzwickt

id
(siehe **iet**)

ide
(siehe **iede**)

ieb
Betrieb
blieb
Dieb
gib
Hieb
ich hieb
Jeep
lieb
piep
Prinzip
Schrieb
Sieb
Trieb
vergib
Vertrieb

iebe
beliebe
Diebe
Geschiebe
Getriebe
Griebe
liebe
(siehe **ieb, ieben**)

iebel
Bibel

Fibel
flexibel
Giebel
penibel
plausibel
sensibel
terribel
Zwiebel

ieben
Belieben
blieben
durchtrieben
eingeschrieben
gerieben
hieben
lieben
schieben
schnieben (von
  schnauben)
schrieben
  beschrieben
  unterschrieben
  verschrieben
sieben
trieben
  betrieben
  hintertrieben
  übertrieben
zerstieben
übrig geblieben

Das Reimlexikon

ieber
Biber
Fiber
Fieber
Kaliber
mein Lieber
Schieber
Stieber

iebig/ch
beliebig
ergiebig
kiebig
lieb ich
nachgiebig

iebt
beliebt
geliebt
gibt
piept
ihr triebt
(siehe ***ieben***)

iechen
Griechen
kriechen
   unterkriechen
   sich verkriechen
riechen
siechen

iecher
Kriecher
Riecher
ein siecher
Viecher

ied
(siehe ***iet***)

iede
Druide
Friede
Hybride
Invalide
perfide
Pyramide
Schmiede
solide
stupide

iedeln
fiedeln
Fiedeln
Liedeln
siedeln

ieden
befrieden
beschieden
entschieden
Frieden

geschieden
hienieden
Invaliden
mieden
schmieden
sieden
verschieden
zufrieden
(siehe ***iede***)

ieder
bieder
Flieder
Gefieder
Glieder
Mieder
nieder
   darnieder
   hernieder
Seifensieder
wider
wieder
zuwider
(siehe ***iet***)

iederlich
liederlich
widerlich

iedern
anbiedern

erwidern
gliedern
Gliedern
Lidern
(siehe *iet*)

iedrig
niedrig
vielgliedrig
widrig

ieds
(siehe *iz*)

ie-en
(siehe *ieben*)

ief
aggressiv
Aktiv
Aperitif
Archiv
berief
Brief
definitiv
Detektiv
exklusiv
impulsiv
intensiv
Kalif
lukrativ

massiv
Mief
Motiv
naiv
Negativ
Objektiv
offensiv
positiv
primitiv
produktiv
qualitativ
relativ
schief
Stativ
subjektiv
Tarif
Tief
(siehe
 iefen)

iefen
beriefen
Briefen
liefen
Oliven
schliefen
triefen
verbriefen
vermiefen
vertiefen
(siehe *ief*)

iefer
Kiefer
Schiefer
schiefer
Schliefer
tiefer

ieg
Krieg
lieg'
Sieg
Stieg
(siehe *iegen*)

iege
Fliege
Intrige
Kriege
liege
Riege
Schmiege
Siege
Stiege
Wiege
Ziege
(siehe *iegen*)

iegel
Eulenspiegel
Igel
Riegel

Das Reimlexikon

Siegel	*iehen*	diffizil
Spiegel	beziehen	Domizil
Strigel	entziehen	Exil
Tiegel	fliehen	fiel (siehe *ielen*)
Ziegel	gediehen	Fossil
	Harmonien	infantil
iegeln	knien	Kiel
aufwiegeln	Knien	Konzil
einigeln	liehen	Krokodil
Igeln	schrien	labil
riegeln	vollziehen	mobil
siegeln	ziehen	Nil
spiegeln	(siehe *i*)	Profil
striegeln		Reptil
(siehe *iegel*)	*ieke*	senil
	Antike	Sex-Appeal
iegen	ich pieke (siehe	skurril
biegen	*ieken*)	Spiel
fliegen	Pike	Farbenspiel
gediegen	schnieke	Mienenspiel
kriegen		Trauerspiel
Kriegen	*ieken*	stabil
liegen	Fabriken (siehe *ik*)	steril
schmiegen	kieken	Stil
schwiegen	pieken	Ventil
siegen	quieken	viel
verschiegen	die schnieken	Ziel
versiegen		Zivil
verstiegen	*iel*	
wiegen	agil	*iele*
(siehe *iege*)	Automobil	Diele

fiele (siehe *iel*)
Gespiele
Schwiele
Siele
Stile
viele

ielen
Automobilen
Dielen
fielen
  entfielen
  verfielen
  zerfielen
Gespielen
schielen
spielen
zielen
(siehe *iel, iele*)

iem
Cherubim
ihm
intim
legitim
maritim
Pfriem
Priem
Regime
sublim
Team

ieme
Dieme (Heu-
  haufen)
Intime
Kieme
Maxime
Mime
Pantomime
Strieme
(siehe *iemen*)

iemen
Diemen (Heu-
  haufen)
Kiemen
mimen
Pfriemen
Regimen
Riemen
Striemen
ziemen
(siehe *iem, ieme*)

ien
alpin
Aspirin
Baldachin
Benjamin
Delphin
Disziplin
Doktrin

fliehn
gediehn
geliehn
Harlekin
Harmonien
ihn
Insulin
Jasmin
Kamin
Magazin
Mandarin
Medizin
Nikotin
Pinguin
Rosmarin
Rubin
Ruin
schien
Spleen
submarin
Tamburin
Termin
Terpentin
verschrien
(siehe *iehen, i*)

iene
Apfelsine
Beduine
Biene
Blondine

Das Reimlexikon

Delphine	***ienen***	***iept***
diene	Bienen	(siehe ***iebt***)
Gardine	dienen	
Gelatine	grienen	***ier***
Guillotine	ihnen	Begier
Heroine	rubinen	Bier
Kabine	Ruinen	dir
Kantine	schienen	Elixier
Konkubine	verdienen	Fakir
Latrine	verminen	frier
Lawine	(siehe ***ien, iene***)	Furnier
Mandarine		Geschmier
Margarine	***iener***	Getier
Marine	Augustiner	Grenadier
Maschine	Berliner	hier
Miene	Bernhardiner	ihr
Mine	Diener	Juwelier
Rosine	Florentiner	Kanonier
Routine	Karabiner	Kavalier
Ruine	Mediziner	Klavier
Sabine	Schlawiner	Klistier
Sardine	Verdiener	Kurier
Schiene		Manier
Serpentine	***ienst***	mir
Terrine	Dienst	Musketier
Turbine	schienst	Offizier
Violine	Verdienst	Papier
Vitrine	(siehe ***ienen***)	Passagier
(siehe ***ien,***		Polier
ienen)	***iep***	Revier
	(siehe ***ieb***)	Saphir

Scharnier	balsamieren	fabulieren
schier	blamieren	florieren
Souvenir	blockieren	formulieren
Stier	botanisieren	fotografieren
Tier	buchstabieren	frieren
Turnier	charakterisieren	funktionieren
Vampir	datieren	galoppieren
vier	debütieren	garnieren
Visier	definieren	gestikulieren
wir	degradieren	glossieren
Zier	dekorieren	gratulieren
(siehe *ieren*)	dementieren	halbieren
	demonstrieren	harmonieren
iere	desertieren	hausieren
Biere	diktieren	honorieren
marschiere	dinieren	identifizieren
Niere	dirigieren	illuminieren
Satire	diskutieren	imponieren
Schmiere	disponieren	improvisieren
(siehe *ier, ieren*)	dokumentieren	informieren
	dozieren	inspirieren
ieren	dramatisieren	inszenieren
abonnieren	dressieren	interessieren
absorbieren	duellieren	interpretieren
addieren	emanzipieren	irritieren
adoptieren	engagieren	isolieren
adressieren	etablieren	jubilieren
alarmieren	existieren	kapieren
amüsieren	experimentieren	karikieren
applaudieren	explodieren	kassieren
arretieren	fabrizieren	kommandieren

Das Reimlexikon

konfirmieren	redigieren	geziert
konservieren	reflektieren	illustriert
konzentrieren	renovieren	kultiviert
kopieren	reparieren	lädiert
korrigieren	reservieren	möbliert
kritisieren	rezitieren	raffiniert
lamentieren	ruinieren	saniert
Manieren	sanieren	serviert
markieren	schmieren	(siehe *ieren*)
marschieren	servieren	
mobilisieren	signieren	***ierung***
monieren	sortieren	Formulierung
negieren	spazieren	Garnierung
notieren	spekulieren	Isolierung
nummerieren	studieren	Lackierung
opponieren	summieren	motivierung
organisieren	triumphieren	Negierung
orientieren	verlieren	(siehe *ieren*)
pensionieren	auf allen vieren	
philosophieren	zieren	***ies/ieß***
polieren	zitieren	Anis
produzieren	(siehe *ier*)	bewies
profitieren		blies
proklamieren	***iert***	dies
protestieren	affektiert	fies
publizieren	autorisiert	Fließ
quittieren	blamiert	Fries
radieren	borniert	gieß
rasieren	dressiert	Grieß
reagieren	garantiert	Kies
realisieren	Geviert	des Knies

lies
mies
Paradies
Service
Vlies
wie's
(siehe *i, iesen,
ießen*)

iese
bewiese
Devise
diese
Krise
Markise
Paradiese
Prise
Remise
Riese
Wiese
(siehe *ies, iesen*)

iesel
Diesel
Geriesel
Kiesel
Wiesel

iesen
bewiesen
Devisen

diesen
gepriesen
Paradiesen
(siehe *ies, iese*)

ießen
beschließen
Blutvergießen
entschließen
fließen
genießen
gießen
ließen
Schießen
schließen
 abschließen
 aufschließen
 erschließen
 verschließen
spießen
verdrießen

iest
ihr bewiest
Biest
fließt
(siehe *iesen,
 ießen*)

iet
ich briet

flieht
Glied
Lid
Lied
morbid
Schmied
ich schmied'
solid
Störenfried
Unterschied
(siehe *ieden,
 ieben, ieten*)

iete
Elite
Gebiete
Miete
Niete
Termite
Visite
(siehe *iet, ieten*)

ieten
Anerbieten
bieten
Jesuiten
mieten
Mieten
nieten
Riten
sie brieten

Das Reimlexikon

verbieten	***iffen***	Aspik
(siehe ***iet, iete***)	abgegriffen	Fabrik
	angegriffen	Kritik
ieter	geschliffen	Mosaik
Bieter	griffen	Musik
Liter	inbegriffen	Physik
Mieter	kiffen	Pik
Samariter	schiffen	Politik
	versiffen	publik
iets	(siehe ***iff***)	Republik
(siehe ***iz***)		Rubrik
	ift	
iezen	ich beschrift	***ike***
Komplizen	Gift	(siehe ***ieke***)
Notizen	Lift	
siezen	schifft	***ikel***
striezen	Schrift	Artikel
triezen	Stift	Partikel
(siehe ***iz, ize***)	Trift	Vehikel
	Vorschrift	
iff	(siehe ***iffen, iften***)	***iken***
Begriff		(siehe ***ieken***)
Kliff	***iften***	
Kniff	beschriften	***ikt***
Pfiff	Schriften	(siehe ***ickt***)
Riff	stiften	
Schiff	vergiften	***i:l***
Schliff	(siehe ***ift***)	(siehe ***iel***)
Übergriff		
(siehe	***ik***	***ild***
iffen)	antik	(siehe ***ilt***)

ilden
bilden
einbilden
Gebilden
Gilden
Wilden
(siehe *ilt*)

ilder
Bilder
Bodybuilder
milder
Schilder
ich schilder'
wilder

ilie
Familie
Lilie
Petersilie

ill
April
Dill
Drill
Grill
schrill
still
will

ille
Brille
Destille
drille
Grille
Kamille
Pille
Promille
Pupille
Rille
Stille
Wille
(siehe *ill, illen*)

illen
Bazillen
drillen
grillen
Grillen
quillen
rillen
schrillen
schrillen
stillen
Villen
Willen
(siehe *ill, ille*)

ilt
bebrillt
Bild

gilt
gedrillt
Gefild
gerillt
gestillt
gewillt
mild
Schild
er schilt
stillt
Wild
(siehe *illen*)

ilz
des Bilds
Filz
Milz
Pilz
da quillt's
(siehe *illen, ilt*)

i:m
(siehe *iem*)

imm
Benimm
bestimm'
Grimm
Isegrim
nimm
schlimm

imme
Imme
Kimme
schlimme
schwimme
Stimme
(siehe ***imm,***
  immen)

immel
Bimmel
Fimmel
Gewimmel
Himmel
Schimmel

immen
bestimmen
ergrimmen
erklimmen
glimmen
Immen
schwimmen
stimmen
trimmen
verschwimmen
(siehe ***imme***)

immer
Flimmer
Gewimmer
Glimmer
immer
nimmer
Schimmer
schlimmer
Schwimmer
Stimmer
Timmer
Zimmer

immern
flimmern
glimmern
schimmern
wimmern
zimmern

impfen
impfen
schimpfen
verunglimpfen

ina
Angina
Ballerina
China

ind
(siehe ***int***)

inde
Binde
Blinde
finde
gelinde
geschwinde
Gesinde
Linde
Rinde
Spinde
Winde
(siehe ***int, inden***)

indel
Gesindel
Schindel
Schwindel
Spindel
Windel

inden
abfinden
befinden
binden
Blinden
empfinden
erblinden
erfinden
finden
Linden
schwinden

verwinden
(siehe *int, inde*)

indern
Erfindern
hindern
Kindern
lindern
mindern

indest
bindest (siehe
  inden)
zumindest

in, iner
(siehe ***iene,***
  iener)

ing
Ding
gering
Pfifferling
Schmetterling
sing!
Sonderling
(siehe ***ingen***)

ingel
Geklingel
Klingel

Kringel
Schlingel

ingen
bedingen
bringen
  anbringen
  aufbringen
  hinbringen
  überbringen
Dingen
dringen
gelingen
gingen
  begingen
  entgingen
  vergingen
  zergingen
klingen
ringen
schlingen
schwingen
singen
springen
umbringen
verbringen
wringen
zwingen
(siehe ***ing***)

ingern
Dingern
schlingern
verringern

ings
Dings
ging's
des Rings
(siehe ***ing,***
  ingen)

ink
Drink
Fink
flink
trink
Wink
(siehe ***inken***)

inken
blinken
Finken
hinken
klinken
Schinken
schminken
stinken
verzinken

Das Reimlexikon

inker	*innen*	*ins*
flinker	beginnen	beginn's
Klinker	binnen	Gewinns
Trinker	drinnen	Zins
Winker	entrinnen	(siehe *in, innen*)
	gerinnen	
inn	gewinnen	*insel*
Beginn	innen	Gewinsel
Gewinn	Meisterinnen	Insel
Gin	rinnen	Pinsel
hin	sinnen	
dahin	spinnen	*insen*
dorthin	(siehe *inn*)	Binsen
immerhin		grinsen
ohnehin	*innern*	zinsen
umhin	erinnern	Zinsen
vorhin	den Gewinnern	
wohin	Innern	*int*
Kinn	zinnern	befind
…rin		beginnt
Arbeiterin	*innig/ch*	blind
Dienerin	beginn ich	Flint
Künstlerin	bin ich	gelind
Meisterin	blödsinnig	geschwind
Schäferin	innig	gesinnt
Zarin	sinnig	Kind
Sinn	spinnig	Labyrinth
Zinn	(siehe *innen*)	Rind
(siche *innen*)		sind
	inns, innt	Spind
	(siehe *ins, int*)	Wind

(siehe **inden,**
 innen)

inte
Finte
Flinte
Hyazinthe
Printe
Spinte
Tinte
(siehe **int**)

inz
beginnt's
Kinds
Minz
Prinz
Provinz
(siehe **innen, int**)

ipfel
Gipfel
Kipfel
Wipfel
Zipfel

ippe
Grippe
ich kippe
Kippe
Klippe

Krippe
Lippe
  dicke Lippe
Schippe
Sippe
Stippe
Wippe
(siehe **ippen**)

ippen
dippen
kippen
Lippen
  Kusslippen
nippen
schippen
tippen
wippen
(siehe **ippe**)

ips
Gips
Grips
kipp's (siehe
  ippen)
ich knips
Schlips
Schwips

ir
(siehe **ier**)

irb
erwirb
Gezirp
stirb
verdirb
wirb

ird
(siehe **irt**)

irken
bewirken
Bezirken
Birken
verwirken
wirken

irmen
Firmen
schirmen
den Schirmen

irn
Dirn
Firn
Gehirn
Gestirn
Hirn
Stirn
Zwirn

Das Reimlexikon

irr
Geklirr
Geschirr
Gewirr
irr
verwirr'
wirr
(siehe *irren*)

irren
entwirren
flirren
Geschirren
girren
irren
  beirren
  verirren
klirren
schwirren
verwirren
(siehe *irr*)

irrst, irrt
(siehe *irst,*
  irt)

irsch
Hirsch
Kirsch
knirsch
Pirsch

pirsch'
wirsch

irst
First
irrst
wirst
(siehe *irren*)

irt
angeschirrt
Hirt
irrt
unbeirrt
verwirrt
Wirt
(siehe *irren*)

irten
bewirten
Hirten
irrten
Wirten

is
Ärgernis
bis
Biss
Bitternis
Finsternis
Gebiss

gewiss
Hindernis
Kompromiss
Miss
Riss
Schmiss
(siehe *issen*)

isch
Fisch
frisch
Gemisch
…risch
  erfinderisch
  gebieterisch
  künstlerisch
  malerisch
  prahlerisch
  schmeichlerisch
  trügerisch
  verführerisch
  wählerisch

ischen
auftischen
entwischen
erfrischen
fischen
mischen
Tischen
wischen

zwischen
(siehe **isch**)

ise
(siehe **iese**)

ismus
Anachronismus
Atheismus
Dualismus
Egoismus
Liberalismus
Organismus
Patriotismus
Pessimismus
Realismus
Vandalismus
Zynismus

isse
Hindernisse
Hornisse
Kulisse
Narzisse
Prämisse
vermisse
(siehe **is, issen**)

issen
beflissen
Bissen

gerissen
Gewissen
Hornissen
Kissen
missen
rissen
schmissen
verbissen
verrissen
(siehe **is, isse**)

ist
Alpinist
Anarchist
Antichrist
Artist
bist
Christ
Dentist
Egoist
Flötist
Frist
Germanist
Idealist
isst
ist
Journalist
Jurist
Komponist
List
Mist

ich mist'
Optimist
Organist
Pessimist
Polizist
Publizist
Realist
Solist
Tourist
trist
Twist
vergisst
Widerrist
Zwist
(siehe **issen,
    isten**)

istel
Distel
Epistel
Fistel
Mistel

isten
ausmisten
befristen
Christen
fristen
Listen
missten
nisten

Das Reimlexikon

überlisten
(siehe **issen,
ist**)

istik
Belletristik
Realistik
Statistik
Touristik
(siehe **ist**)

istisch
alpinistisch
atheistisch
humanistisch
idealistisch
pessimistisch
realistisch
(siehe **ist**)

itschen
glitschen
klitschen
Klitschen
Pritschen

itt
Appetit
Bandit
Biskuit
Bitt

Dolomit
Favorit
fit
Granit
Jesuit
Kitt
Kredit
mit
  damit
  hiermit
  somit
Parasit
Profit
quitt
Requisit
Ritt
Satellit
schnitt
Schnitt
Schritt
Sprit
Tritt
Verschnitt
Zenit
(siehe **itte, itten**)

itte
bitte
Bitte
Dritte
Mitte

Quitte
Ritte
Sitte
Visite
(siehe **itt, itten**)

ittel
Drittel
Kapitel
Kittel
Mittel
Titel
ich vermittel

itten
beritten
beschnitten
bitten
gelitten
kitten
litten
mitten
ritten
schnitten
  beschnitten
  verschnitten
  zerschnitten
umstritten
Schritten
Sitten
(siehe **itt, itte**)

itter
bitter
Flitter
Gewitter
Leichenbitter
Magenbitter
Ritter
Schnitter
Splitter
Zwitter

ittich/g
bitt ich
Fittich
schnittig
Sittich

itz
Besitz
Blitz
Geflitz
Kitz
ich litt's
Ritz
Schlitz
Sitz
Spitz
stibitz'
Witz
(siehe ***itten, itzen***)

itze
Blitze
Hitze
Kitze
Lakritze
Matrize
Ritze
sitze
Skizze
Spritze
(siehe ***itz, itzen***)

itzel
Gekritzel
Gewitzel
ich kitzel
Schnitzel
Spitzel
ich witzel

itzen
besitzen
blitzen
erhitzen
flitzen
ritzen
Ritzen
schlitzen
schnitzen
sitzen
Skizzen
spitzen
verschwitzen

iv
(siehe ***ief***)

ive
Lokomotive
Motive
Offensive
Olive
(siehe ***ief***)

iz
Benefiz
Gebiets
Hospiz
Indiz
Justiz
mied's
Miliz
Notiz
verriet's (siehe ***ieten***)

ize
Hospize
Komplize
Mestize
Novize
ich sieze

O

	so	**ob**
	Stroh	(siehe **opp**)
	Studio	
o	Trikot	**obe**
apropos	Ultimo	Garderobe
Bonmot	wo	Getobe
Bungalow	Zoo	grobe
Büro	(siehe **oben**)	Lobe
comme il faut		Mikrobe
Depot	**ö**	Probe
Domino	Adieu	Robe
droh'	Bö	(siehe **oben**)
Eskimo	Diarrhöe	
Floh	erhöh	**obel**
Folio	Flöh	Hobel
froh	Milieu	nobel
Gigolo	peu à peu	Zobel
en gros	(siehe **öbe**, **öben**)	
hallo		**oben**
in dulci jubilo	**o:b**	droben
inkognito	Garderob' (siehe	gehoben
lichterloh	**obe**, **oben**)	geloben
Niveau	Gottlob	gewoben
oh	Kaleidoskop	Globen
Pharao	Lob	hoben
Pikkolo	Mikroskop	kieloben
Po	Persikop	Kloben
pro	Philanthrop	loben
Risiko	Stereoskop	oben
roh	Teleskop	proben
Rokoko	Zyklop	schnoben

schoben
stoben
toben
umwoben
verloben
verschoben
verschroben
verwoben
(siehe *obe*)

ober
erober'
Kober (Korb)
ober
Oktober
Schober
Zinnober

öber
Gestöber
gröber
Schneegestöber

obst
du hobst (siehe
   oben)
du lobst (siehe
   oben)
Obst
Probst

obt
erprobt
(siehe *oben*)

obung
Erprobung
Verlobung

och
doch
Gepoch
Joch
Koch
kroch
Loch
noch
(siehe *ochen*)

oche
Epoche
Gepoche
Joche
koche
Woche
(siehe *och*,
   ochen)

öche
Köche
ich kröche
ich röche

ochen
Epochen
gebrochen
gestochen
Knochen
kochen
lochen
pochen
Rochen
unterjochen
(siehe *oche*)

öcheln
Knöcheln
röcheln
Röcheln
   Todesröcheln

öcher
Köcher
kröch' er
Löcher
röch' er

öchern
durchlöchern
den Köchern
Löchern
verknöchern

Das Reimlexikon

ochs/ocks
des Bocks (siehe
   ock)
Box
Gebox
Ochs
orthodox
Paradox

ocht
ausgekocht
Docht
gelocht
gemocht
ungekocht
unterjocht
vermocht
(siehe **ochen**,
   ochten)

ochten
Dochten
flochten
fochten
kochten
mochten
(siehe **ochen**,
   ocht)

ochter
gemochter

Tochter
unterjochter
(siehe **ocht**)

ock
ad hoc
Barock
Block
Bock
en bloc
frohlock' (siehe
   ocken)
Gelock
Grog
Lok
Pflock
Rock
Schock
Stock
Sündenbock

öckchen
Glöckchen
Löckchen
Röckchen
Söckchen
(siehe **ock**, **ocke**)

ocke
Artischocke
Barocke

Berlocke (Kettenschmuck)
Flocke
Glocke
Hocke
locke
Locke
Nocke (eingebildete Frau)
Socke
(siehe **ock**,
   ocken)

öcke
Böcke
Pflöcke
Röcke
Stöcke

ockel
Gockel
Monokel
Sockel

ocken
aufstocken
barocken
blocken
bocken
Brocken
docken

erschrocken
frohlocken
hocken
locken
Locken
Schocken
stocken
trocken
unerschrocken
(siehe *ocke*)

ocker
barocker
Hocker
locker
Ocker
Stubenhocker

ockig/ch
bockig
flockig
glockig
hock ich
lockig
stockig
(siehe *ocken*)

ocknen
erschrocknen
trocknen
vertrocknen

ocks
(siehe *ochs*)

ockt
aufgebockt
aufgestockt
eingebrockt
gelockt
verlockt
(siehe *ocken*)

ockung
Lockung
Stockung
Verlockung

od
(siehe *ot*)

öd
(siehe *öt*)

ode
Anode
Antipode
Elektrode
Episode
Kommode
marode
Methode
Mode

Ode
Periode
ich rode
Synode
im Tode

öde
blöde
Einöde
Öde
schnöde
spröde
verblöde
veröde

odel
Gebrodel
Gejodel
Rodel

ödel
Aschenbrödel
Knödel
Trödel

oden
Boden
Hoden
Loden
roden
Episoden

Das Reimlexikon

öden
öden
verblöden
(siehe **öde**)

oder
Geloder
maroder
Moder
oder

öder
Köder
schnöder
(siehe **öde**)

odisch
episodisch
melodisch
methodisch
modisch
periodisch

of
Apostroph
doof
Hof
Philosoph
Schwof

ofen
Alkoven
doofen
Ofen
schwofen
Zofen
(siehe **of**, **ofe**)

off
hoff
Sauerstoff
schroff
Stoff
(siehe **offen**)

öffe
Schöffe
ich söffe

offel
Kartoffel
Pantoffel
Stoffel

offen
besoffen
betroffen
ersoffen
getroffen
hoffen
offen

Schroffen
Stoffen
unübertroffen

oft
hofft (siehe
 offen)
oft
unverhofft

o:g
analog
Dialog
Epilog
Katalog
ich log
Monolog
Pädagog
Prolog
Sog
Trog
(siehe **ogen**)

og
(siehe **ock**)

oge
Archäologe
Demagoge
Dialoge
Droge

Pädagoge	**ögen**	verrohen
Philologe	Bögen	(siehe **o**)
Synagoge	sie bögen	
Theologe	flögen	**öhen**
Woge	lögen	erhöhen
Zoologe	mögen	flöhen
(siehe **o:g**)	Unvermögen	
	Vermögen	**oheit**
ogel	zögen	Hoheit
Gemogel		Roheit
Kogel	**ogik**	
Vogel	Demagogik	**oi**
	Logik	(siehe **eu**)
ogen	Pädagogik	
betrogen		**okus**
bewogen	**ohe**	Fokus
Bogen	drohe	Hokuspokus
Ellenbogen	Lohe	Krokus
Bilderbogen	(siehe **ohen**)	Lokus
sie bogen		
Dialogen	**öhe**	**ol**
gewogen	Flöhe	Alkohol
belogen	erhöhe	frivol
sogen	Höhe	Gejohl
ungelogen	(siehe **öhen**)	Geratewohl
ungezogen		hohl
verwogen	**ohen**	hol'
Wogen	drohen	Idol
zogen	entflohen	Interpol
(siehe **o:g**, **oge**)	hohen	jawohl
	lohen	Kapitol

Das Reimlexikon

Kohl	*olden*	Achselhöhle
Monopol	besolden	Bärenhöhle
Parol'	holden	Öle
Pistol'	vergolden	Töle
Pol	(siehe *olt*)	
Stanniol		*olen*
Symbol	*ole*	befohlen
Tirol	Aureole	besohlen
Wohl	Banderole	empfohlen
(siehe *ole*, *olen*)	Bohle	erholen
	Bowle	Fohlen
öl	Dohle	gestohlen
Gegröl	Gejohle	hohlen
ich gröl'	Gladiole	johlen
Öl	hole	kohlen
(siehe *ölen*)	Idole	den Monopolen
	Kapriole	Pistolen
olch	Kohle	überholen
Dolch	Konsole	unverhohlen
Molch	Metropole	verkohlen
Strolch	Mole	verstohlen
	Mongole	wiederholen
olchen	Parole	(siehe *ol*, *ole*)
den Dolchen	Phiole	
erdolchen	Pistole	*ölen*
solchen	Sole	aushöhlen
strolchen	(siehe *ol*, *olen*)	grölen
		nölen
old	*öle*	ölen
(siehe *olt*)	Gegröle	
	Höhle	

olig/ch
bedrohlich
hol ich (siehe
  olen)
wohlig

oll
Apoll
Atoll
groll
Groll
Moll
Protokoll
soll
Soll
toll
Troll
voll
  achtungsvoll
  ahnungsvoll
  anmutsvoll
  anspruchsvoll
  ausdrucksvoll
  bedeutungsvoll
  demutsvoll
  dornenvoll
  ehrenvoll
  erwartungsvoll
  freudenvoll
  geheimnisvoll
  grauenvoll

  hoffnungsvoll
  jammervoll
  kummervoll
  lebensvoll
  liebevoll
  Lobes voll
  mitleidsvoll
  mühevoll
  ränkevoll
  rätselvoll
  rücksichtsvoll
  ruhevoll
  sorgenvoll
  verhängnisvoll
  verheißungsvoll
  vertrauensvoll
  wundervoll
  würdevoll
Zoll
(siehe *ollen*)

olle
anmutsvolle
Bolle (Zwiebel)
Frau Holle
Jolle
Knolle
Kontrolle
rolle
Rolle
Scholle

Tolle
Wolle
(siehe *oll*, *ollen*)

ölle
Gerölle
Gewölle
Hölle
es schwölle
Zölle

ollen
entquollen
geschwollen
grollen
Pollen
Protokollen
rollen
schmollen
Schollen
sollen
Stollen
trollen
verschollen
verzollen
wollen
zollen
(siehe *oll*, *olle*)

oller
Hohenzoller

Das Reimlexikon

Liebeskoller
oller
Poller
toller
Troller
(siehe *oll*)

ollt
(siehe *olt*)

olpern
holpern
stolpern

o:lt
besohlt
erholt
kohlt
überholt
umjohlt
verkohlt
(siehe *olen*)

olt
Colt
gerollt
gesollt
gewollt
Gold
hold
Sold

Trunkenbold
ungewollt
verzollt
Volt
wollt
(siehe *ollen*)

olte
Revolte
sollte

olter
Folter
Gepolter
ungewollter
(siehe *olt*)

o:lung
Besohlung
Erholung
Überholung
Verkohlung
Wiederholung

olz
ich bolz
Bolz
Colts
Hagestolz
Holz
Stolz

rollt's
schmolz
(siehe ***ollen, olt***)

o:m
Agronom
Anatom
Arom
Astronom
Atom
autonom
Axiom
Diplom
Dom
Gastronom
Gnom
Hippodrom
Idiom
Metronom
Ohm
Ökonom
Phantom
Rom
Strom
Symptom

om
(siehe ***omm***)

omen
den Domen

Omen	vollkommen	Grammophon
verchromen	willkommen	Gratulation
verwohnen		Halluzination
(siehe *o:m*)	***o:n***	Hohn
	Absolution	Hormon
omisch	Adoption	Illumination
komisch	Aggression	Illusion
ökonomisch	Aktion	Illustration
(siehe *o:m*)	Ambition	Imitation
	Atrraktion	Inspektion
omm	Auktion	Inspiration
bekomm	Balkon	Instruktion
fromm	Dekoration	Intension
komm	Demonstration	Invasion
vom	Depression	Kanton
Willkomm	Desertion	Kaution
(siehe *ommen*)	Diakon	Konfirmation
	Dimension	Konstruktion
ommen	Direktion	Konzentration
Abkommen	Diskretion	Kron
beklommen	Diskussion	Legion
benommen	droh'n	Lektion
Einkomen	Emanzipation	Lohn
entglommen	Emigration	Manifestation
entkommen	Exkursion	Mikrofon
Frommen	Explosion	Million
klommen	Fraktion	Mission
kommen	Fron	Modulation
unbenommen	Funktion	Mohn
verkommen	Garnison	Monoton
verschwommen	Generation	Munition

Das Reimlexikon

Nation	Situation	**on** (nasal)
Navigation	Skorpion	Balkon
obschon	Sohn	Ballon
Operation	Spedition	Beton
Opposition	Station	Bonbon
Organisation	synchron	Bouillon
Ovation	Telefon	Champignon
Ozon	Thron	Fasson
Passion	Ton	Karton
Patron	Tradition	Kokon
Pension	Union	Kompagnon
Person	Variation	Lampion
Petition	Vegetation	Medaillon
Phon	Version	Pardon
Portion	Vision	Räson
Produktion	wohn	Saison
Publikation	Zivilisation	Salon
Ration	(siehe **o**, **oben**,	
Reaktion	**one**, **onen**)	**ön**
Rebellion		Föhn
Region	**on**	ich frön
Religion	Akkordeon	Gedröhn
Resignation	Babylon	Geklön
Revision	Bariton	Gestöhn
Revolution	Chamäleon	Getön
Rezension	Lexikon	obszön
roh'n	Oberon	schön
Sanktion	Sonn	Söhn'
Satisfaktion	Stadion	(siehe **öne**, **önen**)
schon	von	
Sensation	(beachte **on** nasal)	

264

o:ne
Amazone
Anemone
Äone
Bohne
Drohne
Hohne
Kanone
Kommilitone
Krone
Limone
lohne
Makrone
Matrone
Melone
ohne
Schablone
Zitrone
Zone
(siehe *o:n*, *onen*)

öne
Gedröhne
Geklöne
Gestöhne
Getöne
kröne
Schöne
Söhne
(siehe **önen**)

onen
betonen
fronen
lohnen
Matronen
Regionen
schonen
thronen
vertonen
wohnen
(siehe *o:n*,
o:ne)

önen
dröhnen
entwöhnen
frönen
höhnen
klönen
krönen
Söhnen
stöhnen
tönen
verpönen
verschönen
(siehe *ön*, *öne*)

onne
Kolonne
Nonne
Sonne
Tonne
Wonne

onnen
besonnen
gesonnen
gewonnen
Kolonnen (siehe
onne)
versponnen
zerronnen

o:nt
bewohnt
Mond
vertont
(siehe **onen**)

ont
besonnt
blond
Diskont
Front
gekonnt
Horizont

o:nung
Belohnung
Betonung
Entlohnung
Entthronung

Das Reimlexikon

Schonung
Vertonung
Wohnung

önung
Entwöhnung
Krönung
Löhnung
Tönung
Verhöhnung
Versöhnung

o:p
(siehe **o:b**)

op
(siehe **opp**)

ope
Antilope
Mikroskope
Pope
Trope
(siehe **o:b**)

opf
Dauertropf
Geklopf
Knopf
Kopf
Kropf

Pfropf
Schopf
stopf
Topf
Wiedehopf
Zopf
(siehe **opfen**)

öpfe
Geschöpfe
Köpfe
Kröpfe
(siehe **opf**)

opfen
Hopfen
klopfen
Pfropfen
stopfen
Tropfen

öpfen
abknöpfen
erschöpfen
knöpfen
köpfen
Köpfen
schöpfen
schröpfen
(siehe **opf**)

ob
(siehe **of**)

opp
Bob
darob
Galopp
grob
ich fopp
Hopp
Job
Mob
Mop
ob
salopp
Snob
Stop
(siehe **oppen**)

oppel
Doppel
Gehoppel
Gestoppel
Koppel
Moppel
Stoppel
ich verdoppel

oppen
foppen
moppen

saloppen
stoppen
toppen

ops
Drops
des Galopps
Hops
Klops
Mops
ob's
(siehe **opp**)

or
ich bohr (siehe
　o:ren)
Chlor
Chor
empor
Flor
Fort
Humor
Komfort
Kontor
Korridor
Major
Matador
Meteor
Mohr
Moor
Ohr

Ressort
Rohr
Rumor
sonor
Tenor
Tor
vor

ör
Amateur
Chauffeur
Deserteur
Dompteur
Friseur
Gehör
Gör
Gouverneur
Ingenieur
Likör
Malheur
Öhr
Redakteur
schwör
Souffleur
Stör
Verhör
Zubehör
(siehe **ören**)

orben
erworben

gestorben
umworben
verdorben

orchen
gehorchen
horchen
storchen

örchen
Histörchen
Likörchen
Störchen
(siehe **or**,
　ör)

ord
(siehe **ort**)

orde
Fjorde
Horde
(sieh **ort**)

orden
geworden
morden
Norden
Orden
Rekorden
(siehe **ort**)

Das Reimlexikon

ore	erfroren	stören
bohre	erkoren	verlören
Chore	Faktoren	(siehe ***ör***, ***öre***)
Empore	geboren	
Furore	gegoren	***örer***
Moore	Kantoren	Beschwörer
Pore	Motoren	Empörer
Spore	Professoren	Hörer
(siehe ***or***, ***oren***)	rumoren	Ruhestörer
	schmoren	Verschwörer
öre	sie schoren	Zerstörer
Chöre	Sporen	
Föhre	Toren	***orgen***
Göre	ungeschoren	besorgen
Liköre	unverfroren	borgen
Möhre	verloren	geborgen
Röhre	verschworen	Morgen
störe	(siehe ***aktor***,	Sorgen
Tenöre	***ator***, ***ektor***,	verborgen
(siehe ***ör***, ***ör***,	***essor***, ***or***, ***ore***)	versorgen
ören)		
	ören	***orisch***
o:ren	beschwören	allegorisch
angeboren	betören	diktatorisch
auserkoren	empören	dorisch
die Autoren	gehören	historisch
bohren	Gören	illusorisch
Diktatoren	hören	kategorisch
Direktoren	den Redakteuren	metaphorisch
eingeboren	röhren	notorisch
Emporen	schwören	rhetorisch

orm
abnorm
enorm
Form
konform
Norm
Reform
Uniform

orn
Born
Dorn
Horn
Korn
sporn
vorn
Zorn

ornen
anspornen
Dornen
hornen
spornen
verworr'nen

orrst, orrt
(siehe ***orst***,
 ort)

orsch
Dorsch
forsch
morsch

orschen
den Dorschen
forschen
morschen
vermorschen

orst
Forst
Horst
er morst
schnorrst
(siehe ***orren***)

orste
Borste
Forste
Horste
ich morste

o:rt
frort (siehe
 oren)
geschmort
umflort
verbohrt

ort
Akkord
Bord
dorrt
dort
Export
Fjord
fort
Hort
Import
Lord
Mord
Nord
Ort
Rapport
Rekord
schnorrt
Sport
Transport
verdorrt
Wort

orte
Borte
dorrte
Eskorte
Forte
Konsorte
Orte
Pforte
schnorrte
Sorte
Torte

Das Reimlexikon

orten	kurios	Verstoß
allerorten	Los	virtuos
horten	…los	wo's
orten	absichtslos	(siehe *o*, *ose*)
Orten	ahnungslos	
schnorrten	anspruchslos	*ö:s/ö:ß*
Sorten	atemlos	amourös
verdorrten	bedeutungslos	bös
(siehe *ort*, *orte*)	bedingungslos	ich dös
	erbarmungslos	entblöß
örung	fassungslos	Erlös
Beschwörung	fehlerlos	generös
Betörung	gedankenlos	Getös
Empörung	gewissenlos	graziös
Erhörung	grenzenlos	kapriziös
Störung	heimatlos	luxuriös
Verschwörung	hoffnungslos	melodiös
Zerstörung	kinderlos	monströs
	makellos	mysteriös
o:s/o:ß	mühelos	nervös
bloß	rettungslos	ominös
burschikos	rücksichtslos	pompös
dubios	schonungslos	porös
famos	seelenlos	religiös
des Flohs	tränenlos	seriös
Floß	wirkungslos	skandalös
Gernegroß	Moos	(siehe *ösen*,
grandios	rigoros	*ößen*)
gloß	Schoß	
die Hos	Stoß	*os/oss*
Kloß	Trauerkloß	Albatros

beschloss
Boss
Genoss
Geschoss
Koloss
kross
Rhinozeros
Schloss
Spross
Tross
(siehe **ossen**)

oschen
abgedroschen
Broschen
droschen
erloschen
Galoschen
Groschen

ose
Aprikose
Arthrose
Chose
Diagnose
Dose
Franzose
Gekose
Getose
Herbstzeitlose
Hose

Hypnose
Matrose
Metamorphose
Mimose
Moose
Narkose
Neurose
Pose
Prognose
Psychose
Rose
Spirituose
verlose
Virtuose
(siehe **o:s**, **osen**)

öse
böse
Erlöse
Friseuse
Gekröse
Getöse
ich döse
Öse
Souffleuse
(siehe **ös**, **ösen**)

oße
Gernegroße
Schoße

Soße
stoße
(siehe **o:s**)

öße
Blöße
entblöße
Größe
Klöße
Stöße

osen
Almosen
Dosen
sich erbosen
Franzosen
glosen
kosen
losen
Namenlosen
tosen
(siehe **o:s**, **ose**)

ösen
Bösen
dösen
lösen
nervösen
(siehe **ös**, **öse**)

Das Reimlexikon

oßen	schossen	**ost/osst**
Gernegroßen	sprossen	Frost
großen	verdrossen	Kompost
Soßen	verflossen	Kost
stoßen	verschlossen	ich kost'
verstoßen	verschossen	Most
	zerflossen	Ost
ößen	zerschossen	Post
Blößen	(siehe **os**, **osse**)	Rost
einflößen		sprosst
entblößen	**o:st/o:ßt**	(siehe **ossen**, **osten**)
flößen	ausgelost	
(siehe **öße**)	behost	**osten**
	bemoost	Kosten
ossen	getrost	Osten
angegossen	er lost	Pfosten
aufgeschlossen	Prost	Posten
aufgeschossen	stoßt	rosten
begossen	Toast	auf den Rosten
beschlossen	Trost	sprossten
Bossen	(siehe **osen**, **oßen**)	(siehe **ost**)
entschlossen		
entsprossen	**öst/ößt**	**östen/ößten**
erschlossen	aufgelöst	sie dösten
flossen	er döst	Erlösten
genossen	eingeflößt	flößten
Genossen	entblößt	größten
gossen	erlöst	lösten
hingegossen	verdöst	rösten
meerumflossen	(siehe **ösen**,	trösten
schlossen	**ößen**)	vertrösten

oster	Rot	Pfote
erboster (siehe	Schlot	Quote
o:st)	Schrot	Schote
Joster	Tod	Zote
Kloster	tot	(siehe **ot, oten**)
	Verbot	
öster	verloht	**öte**
Klöster	(siehe **oben, oten**)	böte
Tröster		Flöte
(siehe **öst**)	**öt**	Kröte
	blöd	Nöte
ot	ich böt'	Röte
Angebot	erhöht	Tröte
Aufgebot	Flöt	(siehe **öten**)
bedroht	öd	
Boot	schnöd	**oten**
bot	spröd	ausbooten
Brot	ich verblöd	boten
Despot	(siehe **öden, öte,**	drohten
devot	**öten**)	geboten
droht		Knoten
Exot	**ote**	loten
Gebot	Anekdote	Noten
Idiot	Boote	Piloten
Jod	Bote	verboten
kommod	Rote	(siehe **ot, ote**)
Kot	drohte	
Lot	Exote	**öten**
marod	Knote	sie böten
Not	Lote	erhöhten
Pilot	Note	erröten

flöten
löten
röten
töten
vonnöten
Flöten
(siehe *öte*)

ötig/ch
erbötig
erröt ich (siehe
 öten)
nötig
vierschrötig

otik
Erotik
Exotik
Gotik
Semiotik

ott
Bankrott
bigott
Boykott
Fagott
flott
Gott
Komplott
Kompott
Marott

Pott
Schafott
Schrott
Spott
Trott
(siehe *otte, otten*)

otte
Bergamotte
Flotte
Grotte
Hugenotte
Karotte
Klamotte
Kokotte
Komplotte
Marotte
Motte
rotte
Rotte
Schamotte
trotte
Zotte
(siehe *ott, otten*)

ottel
Gezottel
Trottel
Zottel

otten
ausrotten
einmotten
die flotten
Flotten
Grotten
hart gesotten
spotten
trotten
verrotten
verschrotten
zusammenrotten
(siehe *ott,*
 otte)

otter
bigotter
Dotter
flotter
Globetrotter
Otter
ich stotter'

ottich/g
Bottisch
soff ich
trott ich
zottig
(siehe *otten*)

U

otz
glotz'
leider Gott's
Hackstotz
Klotz
des Komplotts
Protz
Rotz
Trotz
(siehe **ott, otzen**)

otzen
abprotzen
glotzen
kotzen
protzen
schmarotzen
strotzen
trotzen

ou, our, ous, out
(siehe **u, ur, u:s, ut**)

ove, oven
(siehe **ofe, ofen**)

ox
(siehe **ochs**)

u
Clou
Coup
Dessous
du
Filou
Getu
Gnu
Interview
Kakadu
Känguru
Kanu
Kuh
Marabu
Nu
partout
Passepartout
Ragout
Rendezvous
Ruh
Schuh
tabu
zu
…zu
  dazu
  hierzu
  hinzu
  immerzu

(siehe **ube, uben**

ü
Atü
Avenue
Bellevue
Debüt
früh
in der Früh
glüh
hottehü!
Menü
Müh
Parvenu
perdu
Revue
(siehe **übe, üben**)

u:b
Beelzebub
Bub
Cherub
ich grub
Hub
Schub

ub
(siehe **upp**)

Das Reimlexikon

üb
Polyp
stereotyp
trüb
Typ
ich üb
(siehe *üben*)

ube
Bube
Grube
Stube
Tube

übe
Rübe
Schübe
Trübe
ich übe
(siehe *üben*)

ubel
Gejubel
Jubel
Rubel
Trubel

übel
Bübel
Dübel
Gegrübel

Kübel
Stübel
Übel
verübel
(siehe *übeln*)

übeln
dübeln
gübeln
Kübeln
Übeln
verübeln
(siehe *übel*)

üben
betrüben
drüben
sie grüben
hüben (wie
   drüben)
Rüben
in Schüben
sie schüben
trüben
üben
verüben
(siehe *übe*)

über
Nasenstüber
darüber

gegenüber
herüber
hinüber
trüber
über
vornüber
vorüber

übler
Grübler
übler

üblich
betrüblich
üblich

übung
Trübung
Übung

u:ch
besuch
Besuch
Buch
   Liederbuch
   Tagebuch
   Wörterbuch
Eunuch
Fluch
Gesuch
Tuch

Halstuch
    Hungertuch
Versuch
(siehe **uchen**)

uch
Bruch
Friedensbruch
Wolkenbruch
Geruch
Spruch
Widerspruch

uche
ich buche
Buche
fluche
Gefluche
Suche
Versuche
(siehe **u:ch**,
    uchen)

üche
Küche
Brüche
Gerüche
Sprüche
Widersprüche

uchen
besuchen
Besuchen
buchen
Buchen
ersuchen
Ersuchen
fluchen
Kuchen
suchen
untersuchen
verfluchen
(siehe **u:ch**)

ucher
Besucher
Sucher
Versucher
Wucher

ücher
Bücher
Tagebücher
Tücher
Wörterbücher

u:chs/uks
Flugs
schlug's
Spuks
Wuchs

(siehe **ug, ugen,
    uk**)

uchs/ucks
Bux (Hose)
Crux
Drucks
flugs
Fuchs
Jux
Luchs
Mucks
(siehe **uchsen,
    uck**)

uchse/uckse
Buchse
Buxe
ich druckse
Gedruckse
(siehe **uchsen**)

üchse
Büchse
Füchse

uchsen/ucksen
abluchsen
die Buxen
drucksen
fuchsen

Das Reimlexikon

glucksen	*üchtern*	Verfluchung
Luchsen	einschüchtern	Versuchung
mucksen	ernüchtern	
verjuxen	nüchtern	*uchzen*
(siehe **uchs**)	schüchtern	juchzen
	den Züchtern	schluchzen
ucht		
Bucht	*uchtig*	*uck*
Eifersucht	buchtig	Ausguck
Flucht	schluchtig	guck
Schlucht	wuchtig	Puck
Sucht		ruck
verrucht	*üchtig*	Schluck
Wucht	eifersüchtig	Schmuck
Zucht	flüchtig	(siehe **ucken**)
	süchtig	
üchte	tüchtig	*ück*
flüchte	züchtig	Brück
Früchte		bück
Gerüchte	*üchtigen*	Glück
Gezüchte	ertüchtigen	Liebesglück
Süchte	Süchtigen	Mutterglück
züchte	tüchtigen	Stück
	verflüchtigen	Einzelstück
uchten	züchtigen	Meisterstück
ausbuchten	(siehe	Mittelstück
befruchten	*üchtig*)	Rippenstück
Buchten		Weibsstück
fruchten	*uchung*	zurück
wuchten	Buchung	(siehe **ücke,**
	Untersuchung	**ücken**)

ucke
ich ducke
Glucke
Heidschnucke
Hucke
meschugge
Mucke
Schlucke
Schnucke
Spucke
(siehe ***uck,
ucken***)

ücke
beglücke
Brücke
Glücke
Krücke
Lücke
Mücke
Perücke
Tücke
(siehe ***ück,
ücken***)

uckel
Buckel
Geruckel
Geschuckel
Nuckel

uckeln
aufbuckeln
katzbuckeln
nuckeln
ruckeln
schuckeln
zuckeln

ucken
drucken
ducken
glucken
Glucken
gucken
jucken
mucken
aufmucken
rucken
schlucken
Schlucken
verschlucken
spucken
zucken
zusammenzucken
(siehe ***uck, ucke***)

ücken
bedrücken
beglücken
berücken
bücken
drücken
Entzücken
entzücken
erdrücken
glücken
Lücken
missglücken
rücken
Rücken
schmücken
überbrücken
unterdrücken
verrücken
zerpflücken
zücken
(siehe ***ücke***)

uckern
den Druckern
muckern
tuckern
zuckern

ücks
Glücks
hinterrücks
schmück's
(siehe ***ück,
ücken***)

Das Reimlexikon

uckt
Aquädukt
(wie) gedruckt
geduckt
guckt (siehe
   ucken)
Produkt
verschluckt
Viadukt

uddeln
buddeln
schmuddeln

ude
Bude
Drude
Jude
Lude

üde
ermüde
Etüde
müde
Platitüde
prüde
rüde
Rüde
(siehe **üden**)

udel
Gedudel
Gehudel
Gesudel
Nudel
Pudel
Rudel
Sprudel
Strudel

udeln
besudeln
dudeln
hudeln
lobhudeln
nudeln
Rudeln
sprudeln
strudeln
sudeln
trudeln
(siehe **udel**)

üden
ermüden
Müden
Rüden
Süden
(siehe **üde**)

uder
Bruder
Geschluder
Luder
Puder
Ruder
Schindluder

üder
Brüder
müder
prüder
rüder

udern
pudern
rudern
Rudern
schludern
verluder
(siehe **uder**)

uf
Behuf
Beruf
Huf
Luv
ruf
Ruf
Verruf
Vesuv

Wiederruf
(siehe **ufen**)

ufe
Altersstufe
Hufe
Kufe
Rufe
Stufe
Treppenstufe
(siehe **uf**)

ufen
berufen
einstufen
Hufen
Kufen
rufen
schufen
unberufen
verrufen
(siehe **uf, ufe**)

ufer
Rufer
Ufer

üfer
Küfer
Prüfer

uff
Bluff
Knuff
Muff
piff-paff-puff!
Puff
Suff
Tuff

üffel
Büffel
Gebüffel
Geschnüffel
Rüffel
Trüffel

uffen
bluffen
knuffen
puffen
verpuffen

üffen
den Knüffen
verblüffen

uft
Duft
Gruft
Kluft
Luft
pufft
schuft'
Schuft
verpufft
(siehe **uften, uffen**)

ü:ft
schwer geprüft
prüft

üft
ich lüft'
Lüft
verblüfft
(siehe **üfte, üften**)

üfte
Düfte
Grüfte
Hüfte
Klüfte
Lüfte
verblüffte

uften
duften
pufften
schuften
den Schuften

verduften
(siehe **uffen**)

üften
Hüften
lüften
verblüfften
zerklüften
(siehe **üfte**)

ug
Betrug
Bezug
Bug
Flug
mit Fug (und
   Recht)
Gedankenflug
genug
klug
Krug
Lug (und Trug)
Pflug
Schwalbenflug
superklug
trug (siehe **ugen**)
Trug
Verzug
Wolkenflug
Zug

üge
Aufzüge
Bezüge
Gefüge
genüge
Lüge
Rüge
Züge
   Charakterzüge
   Eisenbahnzüge
   Straßenzüge
   Winkelzüge
(siehe **ügen**)

ügel
Bügel
Flügel
Geflügel
Hügel
Prügel
Zügel

ügeln
beflügeln
bügeln
mit den Flügeln
klügeln
ausklügeln
prügeln
verprügeln
überflügeln

zügeln
(siehe **ügel**)

ugen
sie frugen (von
   fragen)
fugen
Fugen
klugen
lugen
schlugen
   beschlugen
   zerschlugen
betrugen
trugen
vertrugen

ügen
begnügen
belügen
betrügen
fügen
genügen
lügen
Lügen
pflügen
rügen
sie schlügen
trügen
verfügen
Vergnügen

vertrügen
zufügen
(siehe *üge*)

ugend
Jugend
lugend
Tugend

üger
Betrüger
klüger
Krüger
Pflüger
ungefüger

üglich
bezüglich
diesbezüglich
füglich
untrüglich
unverzüglich
vergnüglich
vorzüglich

ube
Getue
Ruhe
  Grabesruhe
  Seelenruhe
  Totenruhe

Schuhe
Truhe
tue
(siehe *uhen*)

ühe
blühe
Brühe
frühe
Frühe
glühe
Kühe
Mühe
(siehe *ühen*)

uhen
beschuhen
geruhen
muhen
ruhen
Schuhen
Truhen
tuen
(siehe *ube*)

ühen
Avenuen
blühen
erblühen
verblühen
brühen

aufbrühen
verbrühen
glühen
erglühen
verglühen
Kühen
sprühen
versprühen
(siehe *ü, ühe*)

uk
er buk
Spuk
Hexenspuk
Teufelsspuk

uken
sie buken
Luken
spuken

ul
ich buhl
Schul
Stuhl
Uhl (Eule)
(siehe *ulen*)

ül
Brühl
Bühl

Das Reimlexikon

fühl	ülen	uldigen
Gefühl	aufwühlen	beschuldigen
Angstgefühl	fühlen	entschuldigen
Fingerspitzen-	Gefühlen	Geduldigen
gefühl	kühlen	huldigen
Taktgefühl	Mühlen	Schuldigen
Gestühl	spülen	
Gewühl	wühlen	*ule*
Kalkül	zerwühlen	buhle
kühl	(siehe *ül, üle*)	Buhle
Molekül		Kuhle
schwül	*üler*	Schule
Vestibül	Fühler	Spule
(siehe *ülen*)	kühler	Suhle
	Kühler	Thule
üle	Schüler	(siehe *ulen*)
Gestühle	Spüler	
Gewühle	Tellerspüler	*ulen*
Kühle		buhlen
Abendkühle	*ulde*	pulen
Herbsteskühle	dulde	schulen
Kanüle	Mulde	Schulen
kühle	schulde	spulen
Mühle		suhlen
Sägemühle	*ulden*	(siehe *ule*)
Schneidemühle	dulden	
Schwüle	erdulden	*üll*
spüle	Gulden	brüll
Stühle	Mulden	Chlorophyll
(siehe *ül, ülen*)	Schulden	Gebrüll
	verschulden	Idyll

Müll
Tüll
(siehe *üllen*)

ulle
Ampulle
Bulle
ich lulle (ein)
Pulle
Schatulle
Schrulle
Stulle
(siehe *ullen*)

ülle
enthülle
Fülle
Gebrülle
Hülle
Idylle
knülle
Tülle
(siehe *üllen*)

ullen
einlullen
Nullen
pullen (rudern)
Schrullen
strullen
(siehe *ulle*)

üllen
brüllen
füllen
Füllen
erfüllen
hüllen
  einhüllen
  enthüllen
  verhüllen
Hüllen
Idyllen
knüllen
zerknüllen
(siehe *ülle*)

ulpe
Nulpe
Stulpe
Tulpe

ulst
durchpulst
Geschwulst
du lullst (ein)
Wulst

u:lt
aufgespult
geschult
er schult
(siehe *ulen*)

ult
eingelullt
Geduld
Huld
Insult
Katapult
er lullt (ein)
okkult
Pult
Schuld
Tumult
(siehe *ulden*)

ülung
Fühlung
Kühlung
Spülung

ulze
Schnulze
Schulze
Sulze

u:m
Boom
Konsum
postum
Ruhm
… tum
  Altertum
  Bürgertum

Das Reimlexikon

Eigentum	Mysterium	ich rühm
Fürstentum	Narkotikum	Synonym
Heidentum	Odium	Ungestüm
Heiligtum	Opium	Ungetüm
Heldentum	Panoptikum	
Judentum	Planetarium	***ume***
Königtum	Podium	Blume
Priestertum	Publikum	Krume
Rittertum	Rum	Ruhme
	Sammelsurium	(siehe ***um***)
um	Silentium	
Aquarium	Studium	***ümeln***
brumm	stumm	altertümeln
Delirium	Terrarium	krümeln
Diarium	Trumm	sich verkrümeln
dumm	um	volkstümeln
Elysium	…um	
Evangelium	herum	***ümen***
Fluidum	hinum	Kostümen
Gaudium	ringsum	rühmen
Gebrumm	Unikum	verblümen
Gesumm	Vakuum	(siehe ***üm***)
Gymnasium	warum	
Harmonium	worum	***ümer***
Kollegium	zum	Altertümer
Konservatorium	(siehe ***ummen***)	Eigentümer
Kriterium		Fürstentümer
krumm	***üm***	Heiligtümer
Medium	anonym	Rühmer
Minimum	Kostüm	ungestümer
Mumm	Pseudonym	

ümlich/g
altertümlich
eigentümlich
krümlig
rühmlich

umme
dumme
Gebrumme
Gesumme
Kumme
Summe
verstumme
(siehe ***um,***
   ummen)

ummel
Bummel
Gebrummel
Gefummel
Hummel
Pummel
Rummel
Stummel
(siehe ***ummeln***)

ümmel
Getümmel
Herumgelümmel
Kümmel
Lümmel

verstümmel
(siehe ***ümmeln***)

ummeln
bummeln
  verbummeln
einmummeln
fummeln
  befummeln
Hummeln
mummeln
schummeln
beschummeln
tummeln
(siehe ***ummel***)

ümmeln
kümmeln
den Lümmeln
sich lümmeln
mümmeln
verstümmeln

ummen
aufbrummen
brummen
dummen
krummen
stummen
summen
Summen

verdummen
vermummen
verstummen

ummer
Brummer
dummer
Hummer
krummer
Kummer
Nummer
Schlummer
Schummer
stummer
Summer

ümmer
dümmer
ich kümmer
  (mich)
Trümmer
verkümmer'
zertrümmer'

ump
Klump
Lump
plump
auf Pump
ich pump'
(siehe ***umpen***)

Das Reimlexikon

umpel
Gehumpel
Gerumpel
Kumpel
Rumpel
Schrumpel
Stumpel

ümpel
Gerümpel
Tümpel

umpeln
humpeln
Kumpeln
rumpeln
schrumpeln
überrumpeln
(siehe ***umpel***)

umpen
Humpen
Klumpen
Lumpen
Pumpen
Stumpen
verpumpen
zerlumpen

umpf
dumpf
Rumpf
schrumpf
Strumpf
Stumpf
Trumpf
(siehe ***umpfen***)

ümpfe
rümpfe
Rümpfe
Strümpfe
Stümpfe
Sümpfe
Trümpfe

umpfen
abstumpfen
auftrumpfen
dumpfen
schrumpfen
stumpfen
sumpfen
übertrumpfen
versumpfen

ümt
berühmt
geblümt
rühmt
unverblümt

un
Huhn
immun
interviewen
Kattun
Monsun
Neptun
nun
opportun
den Schuh'n
   (siehe ***uhen***)
Taifun
Tribun

ün
blühn (siehe ***ühen,***
   ünen)
glühn (siehe ***ühen,***
   ünen)
grün (siehe ***ünen***)
Immergrün
kühn
Misogyn
Philogyn

und
Befund
bekund'
Bund
   Lebensbund
   Studentenbund

bunt
Ehrenrund
Fund
gesund
Grund
Hintergrund
Hund
kund
kunterbunt
Mund
   Erdbeermund
   Kindermund
   Plappermund
   Schmollmund
Pfund
profund
rund
Schlund
Schund
Schwund
Spund
Untergrund
Vagabund
wund
(siehe *unde,*
unden)

unde
Befunde
bekunde
Kunde
in aller Munde
Runde
   Ehrenrunde
   Freundesrunde
   Tafelrunde
Sekunde
Stunde
   Abendstunde
   Geisterstunde
Wunde
   Todeswunde
zugrunde
(siehe ***und,***
unden)

ünde
Gründe
Pfründe
Sünde
(siehe ***ünden***)

ündeln
bündeln
gründeln
zündeln

unden
(kurz) angebunden
bekunden
bevormunden
entschwunden

erkunden
gebunden
gefunden
geschunden
gesunden
Hunden
Kunden
munden
runden
stunden
überrunden
ungebunden
unumwunden
verbunden
verschwunden
verwunden
(siehe ***und, unde***)

ünden
begründen
ergründen
gründen
künden
münden
ründen
stünden
Sünden
verbünden
verkünden
zünden
(siehe ***ünde***)

Das Reimlexikon

under
Burgunder
Erkunder
Flunder
gesunder
Holunder
Plunder
Wunder
Zunder

ünder
gesünder
Gründer
Begründer
Künder
Verkünder
Sünder
Zünder

undern
bewundern
wundern
Wundern
(siehe **under**)

undert
bewundert
hundert
Jahrhundert
verwundert
er wundert (sich)

undig/ch
bekund ich
kundig
offenkundig
pfundig
schrundig (rissig)
schundig
(siehe **unden**)

ündig
bündig
fündig
hintergründig
mündig
fündig
stündig
sündig
vordergründig

ündlich
entzündlich
gründlich
mündlich
fernmündlich
stündlich
sündlich
unergründlich

ündung
Begründung
Entzündung
Ergründung
Gründung
Mündung
Verkündung
Zündung

undus
Fundus
Moribundus

une
Harpune
dem Huhne
Kommune
Lagune
Monsune
Rune
(siehe **un**)

üne
Bühne
Düne
Grüne (siehe **ün**)
Hüne
Sühne
Tribüne

ünen
Bühnen
sich erkühnen
grünen

im Grünen	Beglaubigung	Fütterung
sühnen	Begnadigung	Genehmigung
(siehe *ün, üne*)	Beherzigung	Huldigung
	Behinderung	jung
unft	Belästigung	Jung'
Ankunft	Beleidigung	Lästerung
Brunft	Berechtigung	Läuterung
Niederkunft	Bereicherung	Lieferung
Unterkunft	Beschädigung	Linderung
Vernunft	Beschäftigung	Maserung
Unvernunft	Besserung	Mäßigung
Zunft	Bestätigung	Musterung
Zusammenkunft	Beteuerung	Neuerung
	Bevölkerung	Niederung
ünfte	Bewässerung	Plünderung
fünfte	Dämmerung	Reinigung
Zünfte	Götterdämmerung	Schädigung
Zusammenkünfte	Dung	Schilderung
	Einigung	Schwung
ünftig	Erbitterung	Sprung
künftig	Erheiterung	Steuerung
vernünftig	Erinnerung	Teuerung
zünftig	Erledigung	Überlieferung
	Erleichterung	Verbrüderung
ung	Ermäßigung	Verdächtigung
Änderung	Ernüchterung	Verwilderung
Äußerung	Eroberung	Wanderung
Bändigung	Erschütterung	Witterung
Beerdigung	Feuerung	Wucherung
Befähigung	Forderung	Würdigung
Begeisterung	Förderung	Züchtigung

Das Reimlexikon

unge
Bunge (Fisch-
  reuse)
das Junge
der Junge
Lunge
Schwunge
Sprunge
Zunge

ünge
dünge
Sprünge
(siehe ***üngen***)

ungen
ausbedungen
durchdrungen
entsprungen
erzwungen
gedungen
gedrungen
Jungen (siehe
  unge)
mißlungen
notgedrungen
ungezwungen
verklungen
verschlungen

üngen
düngen
sie schwüngen
verjüngen

ünger
Dünger
jünger
Jünger

ungern
hungern
lungern

unk
Funk
Halunk
Prunk
Strunk
Trunk
(siehe ***unke,***
  unken)

unke
Dschunke
Funke
Halunke
Spelunke
Strunke
Trunke
Tunke

Unke
(siehe ***unken***)

unkel
Dunkel
dunkel
funkel (siehe
  unkeln)
Furunkel
Gefunkel
Gemunkel
Geschunkel
ich munkel
Ranunkel
Runkel

unkeln
abdunkeln
Dunkeln
funkeln
munkeln
schunkeln
verdunkeln
(siehe ***unkel***)

unken
betrunken
ertrunken
funken
Funken
prunken

trunken	Dunst	*ünstig*
tunken	Gunst	blutrünstig
unken	Kunst	brünstig
Unken		günstig
versunken	*unte*	
(siehe *unke*)	Bunte	*unze*
	Lunte	Gegrunze
unker		grunze
Bunker	*unten*	Punze
Funker	bunten	Unze
Geflunker	drunten	(siehe *unzen*)
Junker	Lunten	
Klunker	unten	*unzel*
		Funzel
unkt	*unter*	Geschmunzel
Adjunkt (Gehilfe)	bunter	Rapunzel
funkt	munter	Runzel
Punkt	unter	
Kontrapunkt	darunter	*unzen*
Scheitelpunkt	herunter	brunzen
Wendepunkt	hinunter	grunzen
	kopfunter	hunzen
unsch	mitunter	Unzen
Flunsch		verhunzen
Punsch	*ünste*	
Wunsch	dünnste	*upf*
	dünste	Gugelhupf
unst	Dünste	Hupf (Sprung)
Brunst	Feuersbrünste	Tupf
Feuersbrunst	Künste	Unterschlupf
Hirschbrunst		

Das Reimlexikon

upfen	Suppe	*ur*
Gugelhupfen	Truppe	Agentur
hupfen		l'amour
lupfen	*üppel*	Architektur
Rupfen	Knüppel	Armatur
schlupfen	Krüppel	Bravour
Schnupfen		Dressur
Tupfen	*uppen*	Dur
zupfen	entpuppen	Figur
	Gruppen	Flur
üpfen	Puppen	Frisur
hüpfen	schuppen	fuhr
knüpfen	verpuppen	Garnitur
lüpfen	(siehe *uppe*)	Glasur
schlüpfen		Intendantur
entschlüpfen	*uppern*	Inventur
verknüpfen	knuppern	à jour
	schnuppern	Kandidatur
upp	beschnuppern	Karikatur
Club		Klausur
schwupp!	*uppig*	Kontur
Supp	puppig	Korrektur
Trupp	ruppig	Kreatur
	schuppig	Kultur
uppe	struppig	Kur
Gruppe		Lasur
Kuppe	*upt*	Literatur
Puppe	abrupt	Manufaktur
Schaluppe	es entpuppt (sich)	Mensur
Schnuppe	geschuppt	Merkur
Sternschnuppe	verpuppt	Miniatur

Mixtur	Ur	***ure***
Montur	Velours	Fuhre
Natur	Zäsur	Hure
nur	Zensur	Lemure
obskur	zur	Lure
Partitur	(siehe ***ure***,	Mure
Politur	***uren***)	Schnure
Professur		Sure
pur	***ür***	Troubadoure
Quadratur	ich führ	(siehe ***ur***)
Rasur	für (und für)	
Reparatur	…für	***üre***
retour	dafür	Allüre
Ruhr	hierfür	Bordüre
Schnur	wofür	Broschüre
Schur	Gebühr	Geschwüre
Schwur	Geschwür	Gravüre
Signatur	Kür	Konfitüre
Skulptur	en miniature	Lektüre
Spur	Ouvertür	Maniküre
Statur	Tür	Ouvertüre
Struktur	Ungebühr	Pediküre
stur	(siehe ***üre, üren***)	Schnüre
Tambour		Schwüre
Temperatur	***ürde***	spüre
Tinktur	Bürde	Türe
Tonsur	ich bürde (auf)	Walküre
Tortur	Hürde	(siehe ***üren***)
Tour	würde	
Troubadour	Würde	***uren***
Uhr		Amouren

Das Reimlexikon

erfuhren	spüren	**urg**
Fluren	verspüren	Burg
fuhren	überspüren	Chirurg
Kreaturen	verführen	Dramaturg
Lemuren	(siehe **üre**)	
schwuren		**ürgen**
spuren	**urf**	Bürgen
sturen	ich kurv	verbürgen
verfuhren	ich schlurf	würgen
(siehe **ur, ure**)	Turf (Pferde-	erwürgen
	rennbahn)	
üren	Wurf	**urie**
aufspüren		Furie
berühren	**ürfe**	Injurie
Broschüren	Entwürfe	Kurie
entführen	schlürfe	
erführen	Würfe	**urke**
erküren	(siehe **ürfen**)	Gurke
führen		Schurke
abführen	**ürfen**	
fortführen	bedürfen	**ürlich**
irreführen	dürfen	ausführlich
Gebühren	Entwürfen	figürlich
maniküren	schlürfen	gebührlich
pediküren	schürfen	natürlich
rühren	Würfen	willkürlich
anrühren	sie würfen	
umrühren		**urm**
verrühren	**ürfnis**	Sturm
schnüren	Bedürfnis	Turm
schüren	Zerwürfnis	Wurm

ürmen
bestürmen
stürmen
Stürmen
türmen
Türmen

ürmer
Gipfelstürmer
Stürmer
Türmer
Würmer

urren
gurren
knurren
murren
schnurren
schurren
surren
zurren

urst
Durst
knurrst (siehe
  urren)
Wurst

ürste
Bürste
dürrste
dürste
Würste

ürsten
Bürsten
dürsten
Fürsten
Würsten

u:rt
Geburt
er spurt
(siehe ***uren***)

urt
absurd
Furt
Gurt
schnurrt
Spurt
(siehe ***urren***)

urten
Furten
Gurten
gurrten
spurten
(siehe ***urren***)

ürung
Berührung
Entführung
Führung
Irreführung
Rührung
Unterführung
Verführung
Verschnürung

urz
Gurts
kurz
schnurz
Schurz
  Lendenschurz
Spurts
Sturz
  Kassensturz
  Wettersturz
Wurz

ürze
Gewürze
Kürze
Schürze
stürze
Stürze
Würze
(siehe ***ürzen***)

urzeln
purzeln

Das Reimlexikon

wurzeln	Mus	Radius
entwurzeln	Ruß	Schluss
verwurzeln	Schmus	Schuss
Wurzeln	ich schmus'	Sozius
		Spiritus
ürzen	*us*	Stuss
kürzen	Autobus	Syndikus
verkürzen	Beschluss	Tantalus
schürzen	Beschuss	Überdruss
stürzen	Bus	Überfluss
abstürzen	Entschluss	Überschuss
einstürzen	Erguss	Verdruss
hinunterstürzen	Fidibus	Verschluss
überstürzen	Fluss	Zerberus
würzen	Genius	
	Genuss	*üs/üß*
ürzung	Guss	Füß
Bestürzung	Habitus	Gemüs
Kürzung	Ikarus	grüß'
Überstürzung	Kuss	süß
Verkürzung	Abschiedskuss	(siehe *üßen*)
	Handkuss	
u:s/u:ß	Wangenkuss	*üsch*
abstrus	Zungenkuss	Gebüsch
Blues	Muss	Plüsch
diffus	Nuss	
des Filous	Obolus	*usche*
Fuß	Omnibus	Babusche
Geschmus	Pegasus	Busche
Gruß	Pfiffikus	Gusche (von
konfus	Plus	Gosche)

kusche	**use**	**usen**
Lusche	Abstruse	Blusen (siehe
Retusche	(siehe **u:s**)	**use**)
(siehe **uschen**)	Bluse	Busen
	Druse	schmusen
uschel	Fluse	verknusen
Gekuschel	Geschmuse	(siehe **use**)
Geknuschel	konfuse (siehe	
Getuschel	**u:s**)	**ußen**
kuschel	Meduse	Bußen
Muschel	Muse	fußen
Puschel	Pampelmuse	rußen
(siehe **uscheln**)	schmuse	verrußen

uscheln **üse** **üßen**
kuscheln Analyse büßen
Muscheln Drüse einbüßen
nuscheln Düse zu Füßen
Puscheln Gemüse grüßen
tuscheln Kombüse begrüßen
süßen
uschen **uße** verbüßen
huschen Buße
kuschen Fuße **uslig**
Luschen es fuße dus(e)lig
pfuschen Gruße fus(e)lig
Retuschen Muße grus(e)lig
tuschen
vertuschen **usel** **usse**
(siehe **usche**) Dusel Flusse
Fusel Omnibusse

Das Reimlexikon

Russe
(siehe **us**)

üsse
Flüsse
Güsse
Küsse
küsse
müsse
Nüsse

ussel
Bussel
Dussel
Fussel
Schussel

üssel
Rüssel
Schlüssel
Schüssel

üssen
Flüssen
küssen
müssen
(siehe **üsse**)

u:st/u:ßt
Blust
fußt

Knust
ruhst (siehe **uhen**)
rußt
schmust
umschmust
verrußt
Wust

ust
August
bewusst
unbewusst
unterbewusst
Brust
  Hühnerbrust
  Gänsebrust
  Heldenbrust
gemusst
gewusst
just
Lust
  Frühlingslust
  Liebeslust
  Sinnenlust
musst
robust
Trust
Verlust
wusst'

üst
Gelüst
Gerüst
küsst
ungeküsst

uste
Kruste
Languste
Verluste (siehe **ust**)
wusste

ü:ste/ü:ßte
Büste
verbüßte (siehe **üßen**)
Wüste

üste
Brüste
Gelüste
Gerüste
küsste
Küste
Lüste
müsste
Rüste
wüsste
Zyste

usten
Husten
prusten
pusten
schmusten

ü:sten/ü:ßten
büßten (siehe
  üßen)
Büsten
frühsten
verwüsten
wüsten
Wüsten

üsten
brüsten
entrüsten
Gelüsten
küssten
Küsten
müssten
rüsten
wüssten
(siehe ***üste***)

u:ster/u:ßter
duster
Schuster
umschmuster
verrußter

uster
bewusster
illuster
Liguster
Muster

ü:ster
düster
gesüßter
Rüster
Verwüster
wüster

üster
Geflüster
Küster
Lüster
Nüster

u:stern
aufplustern
im Dustern
schustern
Schustern

ustern
illustern
den Ligustern
mustern
Mustern

üstung
Brüstung
Entrüstung
Rüstung

ut
absolut
akut
Attribut
ausgeruht
beschuht
Blut
Brut
Disput
Flut
Glut
Gut
gut
der Hut
die Hut

üt
abgebrüht
blüht
Elektrolyt
erblüht
ich ermüd
Geblüt
Gemüt
Gestüt
Gott behüt!

Das Reimlexikon

müd
prüd
rüd
Süd
verblüht
(siehe *üben, üten*)

ute
Blute
Jute
Kanute
Knute
Minute
Nute
Pute
Route
Rute
Schnute
Stute
Tute
zugute
zumute
(siehe *ut, uten*)

üte
behüte
blühte (siehe *üben*)
Blüte
Gemüte

Güte
Hüte
Kajüte
Mythe
Tüte
(siehe *üt, üten*)

uten
bluten
Fluten
Minuten
muten
sputen
tuten
vermuten
(siehe *ut, ute*)

üten
behüten
Blüten
brüten
Gestüten
hüten
verglühten
vergüten
verhüten
wüten
(siehe *üt, üte*)

üter
Behüter

Gemüter
Güter
Hüter
Ladenhüter
verblühter
(siehe *üt, üte*)

utig
blutig
missmutig
mutig

ütig/ch
blüht' ich
edelmütig
wankelmütig
wütig'

utsch
futsch
Kutsch'
putsch
Putsch
Rutsch
rutsch

u:tsche
Geknutsche
knutsche

utsche
Gelutsche
lutsche

utt
Dutt
kaputt
Perlmutt
Schutt

utte
Butte
Hagebutte
Kutte
Nutte
Putte (Engels-
  figur)

ütte
Bütte
Hütte
Schütte
schütte
(siehe **ütten**)

üttel
Büttel
Gerüttel
Geschüttel
Knüttel
rüttel

Tüttel
(siehe **ütteln**)

ütteln
rütteln
schütteln
zusammen-
  schütteln

ütten
Bütten
schütten
verschütten
verhütten
zerrütten

utter
Butter
Futter
Kutter
Mutter
Perlmutter

uttern
bemuttern
buttern
futtern
Kuttern
Schraubenmuttern

üttern
erschüttern
füttern
Müttern

üttung
Aufschüttung
Ausschüttung
Verhüttung
Zerrüttung

utung
Blutung
Vermutung
Überflutung

ütung
Hütung
Vergütung
Verhütung

utz
Eigennutz
putz
Putz
Schmutz
Schutz
Trutz
zunutz
(siehe **utzen**)

Das Reimlexikon

ütz
Geschütz
nütz
Mütz
stütz'
(siehe ***ütze,
ützen***)

ütze
Grütze
Mütze
nütze
Pfütze
Schütze
Stütze
(siehe ***ützen***)

utzen
Butzen
Nutzen
putzen
schmutzen
stutzen
trutzen
verputzen

ützen
benützen
beschützen
Geschützen
Mützen
nützen
schützen
stützen
unterstützen
(siehe ***ütz, ütze***)

utzend
Dutzend
nutzend
putzend
(siehe ***utzen***)

utzer
Benutzer
Putzer
Revoluzzer
Stutzer

ux
(siehe ***uchs***)

uz
ich duz
Kapuz
Uz (Neckerei)
ich uz

y
(siehe ***ü***)